Alianza Cien
pone al alcance de todos
las mejores obras de la literatura
y el pensamiento universales
en condiciones óptimas de calidad y precio
e incita al lector
al conocimiento más completo de un autor,
invitándole a aprovechar
los escasos momentos de ocio
creados por las nuevas formas de vida.

Alianza Cien
es un reto y una ambiciosa iniciativa cultural

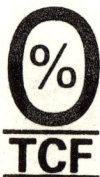

Juan García Hortelano

Riánsares y el fascista
La capital del mundo

Francesc Ausiàs Beniarjó. 1994

Alianza Editorial

Diseño de cubierta: Ángel Uriarte

© Herederos de Juan García Hortelano
© Alianza Editorial, S. A. Madrid, 1994
Calle J. I. Luca de Tena, 15, 28027 Madrid; teléf. 741 66 00
ISBN: 84-206-4637-7
Depósito legal: B.22328-1994
Impreso en Novoprint, S.A.
Printed in Spain

Riánsares y el fascista

Un ruido
de cuevas sordas y hojarasca y viento
y cada vez más frío.

CARLOS BARRAL

—Dicen —dijo Riánsares— que en una de las cuevas del Campillo hay un fascista escondido.

Mi padre, que tardó mucho en acercar el vaso a los labios, había preguntado a Riánsares que qué se decía por el barrio.

—¡Estate quieto en tu sitio! —me gritó el abuelo—. Y, desde hoy, se va a acabar eso de que te pases todo el santo día en la calle. Como los golfos.

—Iba a...

—¿Quieres —dijo Luisa, con aquella súbita mala leche que siempre me sorprendería— que te lleve a la cama sin que tomes postre?

Al tiempo que Riánsares colocaba el frutero en el centro de la mesa, acerqué de nuevo la silla. Las más impresionadas resultaron la propia Riánsares —a medida que lo contaba, con las manos cruzadas sobre el vientre— y la abuela. El abuelo, mi padre y Luisa, más que otra cosa, se asustaron.

—¿Y han ido ya los milicianos a detenerlo?

—No lo sé, señorita. Hace un rato, haber no había.

—Pobre hombre —suspiró la abuela.

Ellos tres se pusieron a hablar muy de prisa, como si así beneficiaran a aquella maravilla suya de fascista, por lo que la abuela, Riánsares y yo no pudimos añadir nada.

Desde la ventana de la cocina, más allá del jardín del antiguo convento de monjas, se notaba en el Campillo una concurrencia anormal, entre la que no pude distinguir a ninguno de la banda.

Me quedé dormido, a la espera de que Tano subiese a buscarme y me librase de la siesta. Cuando yo bajé a su casa, sin invitarme siquiera a pasar al recibimiento, su madre me comunicó que Tano aquella tarde estaba castigado.

—¿Castigado ha dicho usted, doña Laura?

—He dicho castigado.

Como era la primera vez que oía una cosa semejante, permanecí indeciso, aunque ella, seguramente por lo de la educación, no se atrevía a cerrar la puerta.

—¿Ha hecho algo malo?

—No, no —dijo precipitadamente—. Que no sale.

Un día corriente no hubiese insistido.

—Verá, doña Laura, es que en una de las cuevas del...

—Hoy ha dicho su padre que no; y no. Mañana os veréis.

—Mañana tengo que salir con el abuelo.

Ya desde el chaflán del antiguo convento, se percibía en los desmontes del Campillo, cerca de los cuatro guardias de asalto, a los de la banda, sentados tan ricamente frente a la entrada de una de las cuevas. Los milicianos —a los que no vi por ninguna parte— habían apoyado los fusiles en la pared de tierra.

—¿Y Tano? —preguntó Germán el Tifus.

—Tano no puede venir esta tarde.

—¿Por qué? ¿Está enfermo?

—Eso. ¿No le han encontrado aún?

—¿A quién? —dijo Manolito el Bizco.

—No.

—Pero seguro que está ahí —me explicó Paco—. Las otras cuevas ya las han registrado.

—Ésa no tiene final —dijo Morrotorcido.

—Tano —intervino Manolito el Bizco— sabe que termina en las alcantarillas. Él la ha recorrido entera. No es verdad que atraviesa el Paseo y va a dar al campo. Va a las alcantarillas —Manolito el Bizco giró la cabeza de uno a otro miembro de la banda—. Lo dice Tano.

—Cállate Bizco —murmuró Paco.

Generalmente, Manolito el Bizco pasaba por el más pequeño de la banda, a causa de lo deficiente que era. Ni aun en los momentos —frecuentes, por otra parte— en los que la impertinente estupidez de Manolito el Bizco más nerviosos nos ponía, nadie se atrevía con él. Al Bizco era obligación tratarle con buenas maneras, ya que le habían matado al padre en el frente de la Sierra y, encima, su madre trabajaba de cobradora en los tranvías.

—El Tano es el único hombre vivo que ha recorrido entera esa cueva.

Excepto Tano, que se reía mucho de las patochadas de Manolito el Bizco, todos deseábamos el final de la guerra para que el padre del Bizco resultara menos héroe.

—Y llega a las alcantarillas.

Se palpaba que estaba en uno de sus ataques de cerrilismo.

—Ha dicho el Paco —dijo Eugenio— que te calles la boca.

—Acordaos que este invierno nos volvimos, porque daba miedo.

Que recordase aquello del miedo, obligaba a partirle la cara o a concentrarse en el recuerdo del padre —difunto— del Bizco. En la madre del Bizco. En las prietas nalgas, que se le movían a su madre bajo el mono. Y, sobre todo, que, si por discreción nunca se comentó, nadie ignoraba que Tano jamás había alcanzado el final de la cueva.

—Bueno —dije—, como Tano no está, ¿quién hace de jefe?

Por votación, se designó a Paco. Todos le contestamos que sí, que teníamos los tiradores. Luego, que no, que no nos rajaríamos. Volvió a preguntar lo de los tiradores, para lucir el mando. Por fin, después de escudriñar un rato el cielo, donde aquella tarde habían aparecido unas aisladas y redondas nubes, decidió:

—Por ahora, no se puede hacer nada.

En el prieto silencio de nuestras mandíbulas apretadas —como decían en una de Salgari o en una de «Bill Barnes»— quedaba claro que, necesariamente, algo había que hacer. Los guardias de asalto nos impedirían acercarnos; los milicianos no sabrían siquiera qué cuevas se comunicaban entre sí; nosotros, excepto la más larga, conocíamos todas; luego sólo la banda podía cazar al fascista. Paco acabó por pedir consejo.

—Tenemos los tiradores —dijo Manolito el Bizco.

—Y las navajas —dije— y el depósito de balas sin explotar y la bomba de mano. Pero seguimos sin...

—La bomba la tiene el Tano.

—...fusiles. ¿Os dais cuenta de la falta que hacen los fusiles? Estar en la guerra y no tener fusiles es como si nada. ¿Os dais cuenta?

Por el aire frágil de la tarde correteaban las voces de las niñas. Abajo del montículo donde nos sentábamos, la señora Rufina, la pipera, acababa de instalar su cesta.

—¿Que si os dais cuenta dice éste? —preguntó Paco a los demás.

—Bueno, ¿y qué? Nos ha jodido mayo con sus flores.

—Que si tuviésemos fusiles...

—No hay nada que hacer. —dijo Paco—. A lo mejor le han enganchado ya.

—Ésos no cogen ni a un gato —dijo Morrotorcido.

—Han registrado todas las cuevas. Fíjate, que ellos están tranquilos. A lo mejor, sí. Les queda sólo ésa.

—Nadie le ha visto el final a esa cueva.

—El Tano —dijo Manolito el Bizco.

—Nosotros a esperar —continuó Paco—. Si dispara y los mata a todos, vamos nosotros y le matamos.

—¿Con qué? —dijo Germán el Tifus.

—Con la bomba de mano.

—La bomba en la mano la tiene el Tano —dijo Manolito el Bizco.

—¿Y por qué no está aquí? —la mirada de Paco se detuvo en mis ojos—. Lo que a mí me pinta, vamos, digo, es que en casos de esta gravedad el Tano no puede faltar.

—Ahora viene menos con nosotros.

—Si dispara... —empecé a explicarles.

—¿Quién?

—El fascista. Si dispara, nos tumbamos contra la tierra.

—Anda éste...

Las niñas, en continuo deambuleo, descubrían en la inagotable geografía del Campillo, los desniveles, los taludes, las tejas rotas, los montones de latas enmohecidas, el estercolero, la honda fosa rectangular paralela al Paseo, los restos de vallas de madera. Eugenio, Germán el Tifus, Manolito el Bizco y Morrotorcido terminaron por irse con ellas. Paco y yo nos fumamos, a medias, un cigarrillo de anís.

Conforme la tarde se hacía más tranquila y más pequeña en la luz decreciente del horizonte —por donde el cementerio— o en la blanquísima que reflejaban las nubes, las cosas seguían igual. Con los párpados entornados y las manos debajo de los sobacos, Paco parecía meditar. Germán el Tifus se acercó a pedir permiso para ir a su casa.

—¿A qué?

—A merendar.

Paco sonrió, solicitando conmiseración para aquel soplagaitas de Germán el Tifus.

—Qué chorradas tiene que oír uno...

—Bueno, ¿que si me voy o qué?

—¡Anda!, lárgate, soplapollas, y vuelve dentro de un minuto.

La señora Rufina estaba rodeada, pero nadie compraba. Debía de hallarse solitaria nuestra calle. Como en las noches de invierno o durante las

11

siestas de agosto. Me hubiera gustado darme una vuelta, por si encontraba a la Concha o para subir a casa de Tano.

Imaginaría eso o que el fascista moriría de hambre, cuando llegaron corriendo, ahogados. Las niñas estaban quietas, algunas con la cabeza baja, disimulando.

—Están ahí —pudo articular Morrotorcido.

—A sentarse todo el mundo —ordenó Paco.

Manolito el Bizco colocó una piedra en la zapata de su tirador, entre las tensas gomas. Al fin, les vi. Precedidos por Leoncio, cruzaban la calle, directos hacia nosotros.

—Y Tano, en su casa —dijo Eugenio.

Los demás sacamos también los tiradores. Leoncio, medio doblado, acabó de coronar la pendiente y esperó a los otros. Cerca de las cuevas, cambiaron de dirección, hasta detenerse unos diez metros más allá. Sin que sonase una palabra, todos miramos a los guardias. Leoncio dio un paso y gritó, incluso demasiado:

—¡¿Han cogido al fascista?!

Paco, después de ponerse en pie lentamente, recorrió medio camino hacia Leoncio.

—No. Estamos esperando.

—No venimos de drea —dijo Leoncio.

Las niñas se acercaron y, paulatinamente, nos mezclamos los dos grupos. Hacía violento saludar a aquellos chicos, con los que llevábamos apedreándonos desde el principio de la guerra, y no saber sus nombres. La última, dos semanas antes, una noche que llegaron hasta allí mismo, a levantar parejas de lo oscuro. Les habíamos echado pronto, con una decisión rabiosa, mientras los hombres y las mujeres huían también bajo las parábolas de nuestras piedras.

—¿No está Tano? —preguntó Leoncio.

—Se ha puesto enfermo esta tarde —se precipitó a informar Manolito el Bizco.

En el barrio de ellos había menos calles y muchas sin pavimentar; los desmontes tenían hierba en la primavera y se decía que iban a plantar árboles. Las casas eran bajas, más de pobres, muy distintas a las nuestras. En sus dominios estaban las ruinas de la iglesia incendiada.

Paco nos consultó, antes de hablar, con una mirada atravesada.

—El Campillo es nuestro.

—Sí —reconoció Leoncio—. Hemos venido a ayudar.

—Se agradece —dijo Paco.

Nos quedamos callados un largo rato, hartos de los guardias, de los fusiles, de la presencia de las niñas, de nosotros mismos, avergonzados de aquella buena educación que, de repente, le había salido a Paco.

—Haría falta Tano —dijo Leoncio.

—Yo hago de jefe.

Como no se podía esperar nada —o no sabíamos qué esperar— nos sentamos en el suelo y, con pocas palabras y algún gesto, alejamos a las niñas de nuestros alrededores. Leoncio nos dio a Paco, a Eugenio y a mí un cigarrillo de anís; uno a cada uno, sacados solemnemente de su petaca de cuero, igual a la de un hombre.

—Dejar un par de chupadas a las tobas.

Ni les contestamos. A media ladera, cantaban las niñas; luego, bajaron el terraplén y se pusieron a saltar a la comba en la acera de enfrente. Al Tifus, cuando regresó mascando aún, la presencia de la banda de Leoncio le puso redondos los ojos.

—Deja de hacer muecas.

—Yo... ¿Le han encontrado?

Las cretinas no dejaban pensar, con su monserga aquella de los duples, desgañitadas de atronar el sosiego de la tarde con lo de «al cochecito, leré...» y demás lindezas del repertorio.

—Vosotros conocéis las cuevas.

—Sí —dije.

—¿Y qué?

Avancé hacia Leoncio, arrastrando la culera del pantalón por la tierra, en la forma exacta que tanto odiaba mi hermana que me moviese.

—Ninguna de las cuevas tiene salida. Sólo a ésa —la señalé— nadie le ha visto el final. Y se comunica con las otras.

—O se comunicaba. Si llueve, se derrumban y se tapan.

La verdad es que ninguno de los nuestros lo había pensado.

—Hace tiempo que no ha llovido.

—Pero como llueva esta noche —la sonrisa de Leoncio, lenta y medida, conseguía ser maligna—, el fascista se queda enterrado vivo.

—Aguarda —dije—. Aquí estamos para cazarle, si no lo encuentran ésos; no para que se nos quede debajo de una tonelada de tierra, sin que le veamos nunca, como si nunca hubiera existido.

Dejó de trazar rayas en la tierra, tiró el palo astillado y levantó los ojos hasta encontrar los míos; la sonrisa de Leoncio se hizo más natural.

—De acuerdo. Os ayudaremos. Tenemos los tiradores, balas, navajas, un lazo y los planos para construir bombas con latas vacías.

—Nosotros tenemos una bomba de mano.

—¡¿Una...?! ¿Es verdad?

Ya que resultaba irremediable la criminal inconsciencia de Manolito del Bizco, asentí despreocupadamente, por si así le quitaba importancia a la cosa. Pero a la cosa no había quien le camuflase su extraordinaria gravedad. Total, que entre unos y otros, tuvimos que contarles cómo habíamos conseguido la bomba el año pasado.

—Hay que avisar al Tano —dijo Leoncio—. ¿Qué carajo hacemos, pudiendo disponer de una bomba de piña, sólo con que la traiga el Tano? Por muy enfermo que esté.

—Está muy enfermo —dijo Eugenio, realmente compungido—. Pero se puede designar un emisario.

—Ya iré yo de emisario.

—¿Cuándo?

—Ya iré —repetí.

—Irá, cuando yo mande —dijo Paco.

—O se hunde la cueva o se las pira, o le cogen los milicianos.

—Ésos no cogen ni una rata —dijo Morrotorcido—. Y mira que hay ratas en las cuevas. Para llenar un camión.

—¿Quién te lo ha dicho? Te pones y, a paladas, llenas un camión de ratas.

—Se echarían a correr.

—Muertas, boboelculo, muertas.

—¿Muertas?

—Claro que muertas.

—Y ¿qué te crees...? Las ratas de las cuevas están más vivas que...

—¡A callarse!

El grito de Leoncio creó el silencio. Morrotorcido, Manolito el Bizco y un chico de la otra banda —que debía de ser el Tuerto, porque tenía un ojo con nube— se habían puesto a jugar al peón, sin dejar de prestar atención, eso sí, a lo que se trataba; por lo cual, a nadie le extrañó que, pasados los primeros instantes después del grito de Leoncio, interrumpiesen para comentar. Pero casi nadie oyó al Bizco.

—¿Qué ha dicho ése? —pregunté.

—Tonterías —dijo Morrotorcido.

-Aquí todo el mundo tiene derecho a dar su

opinión —Leoncio miró a Manolito el Bizco, con una especie de afecto, que asustó al otro.

—Aquí lo que no se puede hacer es perder el tiempo hablando de ratas, habiendo como hay un fascista escondido en las cuevas.

—Eso —dijo el Bizco, con un poco más de voz.

—Eso ¿qué?

—Que eso he dicho yo. Que, a lo mejor, ni hay fascista, ni nada, porque ni Cristo sabe quién ha lanzado la noticia.

Algunos se pusieron en pie, de tanta sorpresa que les dio la ocurrencia de Manolito el Bizco.

—¡Anda la órdiga, con lo que nos sale ahora éste...!

Pero Leoncio no continuó, ya que el guardia corría, lleno de reflejos el cuero de las polainas. Sus compañeros, colocados en la entrada de la cueva, no dejaban ver lo que pasaba. En la desbandada general llegaron primero los más pequeños, las niñas y la señora Rufina, por lo que resultó necesario dar algún capón que nos abriese paso hasta la primera fila. Allí, los guardias nos amenazaron, retrocedimos un poco y, más en silencio, con mayor circunspección, retornamos, hasta poder tocar —si nos hubiésemos atrevido— los monos o los fusiles de los milicianos.

—Me gustaría saber quién se ha inventado el bulo.

—Huele a muerto —se colgó el fusil del hombro

derecho, dejando el pulgar bajo la correa—, está húmedo, lleno de ratas y hay menos fascistas que en Guadalajara.

Los guardias se rieron...

—Bueno, nosotros damos parte. ¡Fuera, chicos! Vamos ahora, redactamos el parte y vosotros os acercáis, cuando os venga bien, a ratificar el hecho.

—Y, digo yo, ¿no hay tiempo para beberse unos vinos, que nos quiten el reúma que hemos cogido dentro?

Se guardaron las linternas. Enfundaron las pistolas. Se ajustaron los correajes. Detrás de ellos se fueron los más pequeños, las niñas, la señora Rufina y Manolito el Bizco.

Parecía imposible, pero así era: El irregular arco de medio punto, las paredes con antiguas huellas de picos, la tierra lisa, el declive, que luego ascendía, doblaba, volvía a bajar, se bifurcaba en las tinieblas, estaban libres para nosotros.

Media hora más y sería de noche. La media hora se nos fue en pensar lo de las antorchas, en penetrar unos metros en la cueva, en calmarnos aquella excitación unánime.

—Mira —me puso el brazo por los hombros, para separarnos de los demás—, lo mejor es que te largues a casa del Tano ahora mismo. Nosotros nos quedamos y vamos preparando lo que pueda hacerse.

Una opresión asfixiante me entorpecía en el pe-

cho las palabras, que, muy claras, se me aglutina-
ban en la cabeza.

—¡Por la noche...! Leoncio, por la noche se puede escapar.

—Tú no te preocupes. Ya se pensará algo. Tú
trae la bomba, por si acaso; sin que nadie se entere.
Si puedes ayudas al Tano a escaparse.

—No os mováis de aquí.

—No nos movemos.

Ahora sí, era casi de noche. Estreché su mano,
rugosa, con callos. A toda carrera bajé hacia los fa-
roles, que no se encenderían hasta que la guerra no
acabase. Ya en la calle dejé de correr, aunque con-
tinué muy de prisa, todo lo rápido que las piernas
me permitían. Al entrar en el portal, tropezamos.

Mientras se reía como una loca, retrocedió a la
pared. Yo no podía hablar y me puse a respirar
hondo, regularmente, al estilo de los nadadores o
de los pilotos militares. Estaba guapa, con aquella
saliva finísima en los labios, los pechos manifiestos
bajo el jersey, los brazos tan redondos, tan lustro-
sos... Suspiré hasta las tripas.

—Concha...

—¿Qué te pasa? Sudoroso, lleno de tierra —me
pasó una mano por la nuca—, despeinado... ¿Dónde te metes, que no te he visto desde la semana pa-
sada?

—Por ahí.

—¿Y ahora?

—Voy a casa de Tano. Es urgente.

—¿Me acompañas a la lechería?

—Hoy no puedo.

No sólo en el tono de la voz, sino también por la expresión, se me tenía que notar la duda.

—Bueno... ¿Qué se le va a hacer?

Se acercó ella. La cogí por el cuello y puse mi boca en sus labios, aunque demasiado poco, porque giró la cabeza. Luego seguí corriendo, mientras Concha se quedaba viéndome —o, al menos, suponía yo que se quedaba contemplando mi carrera en dirección del ascensor—, y, con un vigor alegre, dispuesto a todo —sin saber a qué—, empecé a subir los escalones de dos en dos.

Detrás de la criada, que había abierto la puerta, doña Laura cruzó el recibimiento, con la cafetera de plata en una mano, sonriéndome. Lo de la sonrisa me desconcertó tanto, que se me olvidó la boca de Concha.

—Verá usted, doña Laura...

Ni me oyó, ya por el pasillo sin parar de decir que Tano estaba en el despacho y, luego, que ya iba, que no se pusieran impacientes mi padre y el padre de Tano.

—En el despacho, te ha dicho la señora.

Salí de estampida, después de haberle pellizcado una nalga a la criada. Tano me miró desde la alfombra, donde construía uno de los modelos del meccano.

—Ten cuidado con las tuercas. Siempre se están perdiendo, no sé qué pasa. ¿Quieres ayudarme?

Me senté con las piernas cruzadas a lo moro, más que nada por tener su cara al mismo nivel, sin que me pusiese nervioso verle con la cabeza levantada hacia mí. Amontoné las tuercas desperdigadas.

—Sucede una cosa muy grave.

—¿Qué?

—En una de las cuevas del Campillo hay un fascista escondido.

—Ya lo sabía.

—¿Quién te lo ha dicho?

—Luisa.

—¿Mi hermana?

—Sí, tu hermana.

—¿Ha estado aquí Luisa?

—No. He subido yo a buscarte hace un rato. Y nos lo ha dicho a Concha y a mí.

—¿La Concha estaba en mi casa?

—Sí, estaba. Y deja de hacer preguntas. Ayúdame.

Por puro desconcierto, durante unos minutos le estuve pasando piezas.

—Tano, hay un fascista escondido. ¿No lo entiendes?

—Lo entiendo.

—Entonces... Leoncio ha venido con su banda.

Sólo después de habérselo contado todo, dejó el meccano y creí que me haría caso.

—Déjales a ellos que le cojan —se rió, con sorna—. A ver si pueden.

—Sí, pueden. Tenemos de todo, conocemos las cuevas, los milicianos se han ido y le vamos a enganchar, antes de que vuelvan. Nos hace falta tu bomba de mano.

—Yo soy el jefe y no saco la bomba, si no es necesario. Vas y se lo dices así.

—Pero es necesario. No se puede cazar a un fascista con los tiradores y las navajas. Tendremos que tirar la bomba de mano, para hacerle pedazos.

—Y si le haces pedazos, ¿cómo le vas a coger? —me miró, callado, un instante—. No seas infantil. La bomba hay que reservarla para un asunto importante y decisivo. Es probable que sea mentira lo del fascista ése. Y si no es mentira, se habrá escapado ya.

A veces resultaba insoportable no tirarse sobre él y golpearle, golpearle mucho y mucho tiempo; se veía claro, como a la luz de un relámpago, que no actuaba así porque supiese más que nosotros, sino por mala intención, por una grandísima mala intención, que no se podía averiguar de dónde le venía. También aguantarse las lágrimas —de rabia— resultaba muy difícil. Me levanté.

—No se ha podido escapar.

—La cueva larga tiene salida a las alcantarillas.

—A ninguna de las cuevas se le ha visto acabar en las alcantarillas.

—Vosotros no, pero yo sí. Este verano la recorrí entera y llegué hasta las alcantarillas. Por Ventas.

Si le daba un puntapié a las tuercas, nos liaríamos a golpes y me echaría de su casa y tardaríamos más de una semana en hacer las paces, y las cosas seguirían tan mal como estaban. Pero era imposible aguantarse. Desde la puerta del despacho, descontrolada la voz por una súbita ronquera, le grité:

—¡Es mentira, mentira! Nunca has llegado al final. Te quedaste escondido y luego saliste diciendo mentiras.

· Le sentí correr detrás de mí. Ni siquiera cerré la puerta de la calle. Su voz me detuvo en la escalera.

—Oye, tú. Dile a Paco que siga haciendo de jefe hasta mañana —no parecía enfadado—. Y es verdad lo de la cueva.

Regresé muy despacio, para calmarme y también por si encontraba de nuevo a la Concha. No se veían nubes en el cielo oscuro.

El Campillo, bajo las tinieblas, olía fuerte. Chistaron, antes de que yo les percibiese. Se habían apartado de la entrada de la cueva, no fuera el fascista a salir de repente; junto a la pared de tierra, les conté que Tano continuaba enfermo, constantemente acompañado de su madre, de la criada y de mi hermana —estuve a punto de añadir a la Concha en la relación—, lo que había imposibilitado la entrega de la bomba.

—Ha dicho que hagas de jefe tú hasta mañana. ¿Habéis solucionado lo de las antorchas?

Ni Leoncio, ni Paco, ni Eugenio, los únicos que no se habían ido a sus casas, contestaron. Hacía fresco allí, en pie, sin otra posibilidad que aguardar la salida del fascista. De cuando en cuando pensaba en la hora, que en casa estarían impacientes, que me castigarían; lo pensaba todo, como un sobresalto en medio del recuerdo de Concha o de Tano.

—Se morirá de frío —dijo Eugenio.

No había manera de olvidar la tranquilidad de Tano, que le hacía a uno dudar, ni la impasibilidad de Concha sabiendo que un fascista se escondía en las cuevas. Puede que le hubiese disgustado mi negativa a acompañarla; las chicas disimulan muy bien. Eugenio era el más inquieto. Pero se estaba durmiendo, cuando Leoncio propuso lo de los mayores.

—Nosotros no tenemos mayores en el barrio.

—Pues si yo se lo digo a mi hermano, coge a sus amigos y se vienen aquí a hacer guardia —la casa de Leoncio quedaba lejos—. Ellos se pueden pasar la noche fuera.

Al fin y al cabo, los mayores no eran de ninguna banda, pertenecían a la misma especie que los milicianos; gente vieja, en resumidas cuentas. Sin embargo, siendo cuatro y no habiendo dado aún las diez, se podría resistir —hacer la guardia, según Leoncio— un rato más. Merecía la pena. Yo me lanzaría a sus piernas, como un jugador de rugby, lo sujetaríamos entre todos y, con los cinturones, le ataríamos los tobillos y las muñecas. La gente saldría a las ventanas y a los balcones y a los portales, a pesar de la hora, en cuanto se corriese la noticia de que la banda —y Leoncio— le habíamos hecho prisionero. Nos verían pasar hacia el cuartelillo de Torrijos —o hacia la comisaría de la plaza de Salamanca— con el fascista atado a conciencia, llorando y gimiendo. La abuela un día había dicho que no todos eran gordos, que existían muchas clases de fascistas. Para la abuela las cosas resultaban fáciles, porque era listísima y sabía comprender a las personas. Aunque no le gustaban nada las bombas de mano, era buena. Distinta al abuelo, a mi padre y a Luisa, empeñados en que ganasen la guerra los nacionales, como para quitarle razón a ella —que no se metía con nadie, todo lo contrario— y restregarle por las narices las imágenes, los curas y las misas. Si fueran las diez, la abuela comprendería y no les dejaría castigarme. «Sobre todo, abuela, ¿quién va a coger al fascista, si no somos los de la banda? Y Leoncio.» También se asomaría la Concha, puede que incluso con su bata guateada, que se le abría sobre la enagua corta y los muslos tensos.

Los pasos se oyeron perfectamente; un crujido de la arena y, enseguida, las suelas arrastradas por la tierra, además de aquel desgarramiento del aire. Los otros seguían igual. Me agaché, pero no se veía nada.

—¿No oís?

Leoncio fue el primero en darse cuenta. Las sombras avanzaban a buen paso, muy cerca de la entrada. Salimos corriendo. Por milagro no nos caímos ninguno, pues lo natural hubiera sido tropezar en las piedras o tomar una claridad por un desnivel.

—¡Deja, que son unos chicos!

En la tapia del antiguo convento, mientras comprendía que nos habían apuntado con los fusiles, nos reagrupamos. El susto nos impidió comprender al instante que los guardias —o los milicianos— continuaban la búsqueda del fascista. Eugenio dijo que ellos, bien pensado, tenían no sólo balas, sino también mosquetones y linternas. Leoncio se despidió hasta la mañana siguiente. Paco, Eugenio y yo regresamos a nuestra calle, cada vez más tranquilos. Había mujeres sentadas en sillas frente a las tiendas y los portales. Manolito el Bizco nos comunicó que no eran más de las nueve y cuarto, pero a nadie le apeteció jugar a dola. Manolito el Bizco había cenado ya.

—Hasta mañana —dijo Paco.

—Es que mi madre se tiene que levantar a las cinco, porque le toca el primer turno.

—¿Ha venido tu tío Ramón?

—Sí.

—Bueno, hasta mañana —dijo Eugenio.

—Salud.

Manolito el Bizco era un tipo de suerte. Cuando venía aquel tío suyo, su madre le mandaba a la calle hasta las doce y encima le daban medio chusco y dos duros para el cine del domingo.

—Quédate un rato conmigo.

—No, Bizco, me subo. Hay que madrugar para ver qué se hace con el fascista.

En la puerta de su carbonería me detuvo el señor Pedro.

—¿Qué, se le ha cogido a ese emboscado?

—No tiene escapatoria. Se han quedado los milicianos de guardia.

—Y tú ¿qué has inventado?

Al señor Pedro, aunque era bueno y ayudaba a construir los carros con ruedas a bolas, tampoco se le podían contar las intimidades de la banda, ni mucho menos lo de la bomba.

—Estamos preparando un lazo.

—Eso está bien —dijo el señor Pedro.

No sé por qué, mientras ya me iba, añadí:

—Y luego le quemaremos vivo.

El señor Pedro se retrepó en la silla, me llamó y me cogió de los hombros. A mí se me había ocurrido de pronto lo de abrasar al fascista. Ni lo tenía planeado, ni nunca creí que al señor Pedro le diese tan fuerte la impresión. Ahora, ya dicho, había que mantenerlo.

—Hijo, ¿cómo podéis pensar esas cosas?

—Es un fascista.

—Pero es también un hombre, ¿no lo entiendes? El mayor bien... —se corrigió a sí mismo, al tiempo que casi me sentaba en una de sus rodillas—. El mayor, no. Sólo el solo bien de un hombre es seguir siéndolo. Quiero decir, la vida.

El señor Pedro era sindicalista y, como decía Tano, los sindicalistas siempre largaban un discurso.

—Mire, señor Pedro, es la guerra y hay que matarlos. Si no se mata a los fascistas, los fascistas matarán al pueblo. Y, para acabar de jorobarla, vendrán los moros y rajarán por medio a las mujeres.

—Aquí no es el frente y vosotros sois unos chicos. Los chicos no matan.

—A los fascistas, sí, señor Pedro.

—¿Quién te ha enseñado eso? —esperó un poco, a ver si yo le sabía responder—. ¿Tu abuela?

—No, mi abuela no.

—¿La Riánsares?

—Lo sé yo porque lo sé.

Cerró los ojos, escurrió las yemas de los dedos por la nariz, abrió los ojos y sonrió. Al señor Pedro las cosas no le parecían fáciles; se le notaba en lo que le costaba encontrar las palabras, que luego empleaba mal.

—Coño...

—En la guerra hay que matar, ¿no?

—Carajo, qué guerra de mierda... Pero no los críos, ¿me oyes? Los críos tenéis que ir a la escuela, a aprender la manera de que se acaben la injusticia y la opresión.

—¿Usted ha ido al colegio?

Se le cambió el tono de la voz. No era raro, puesto que el señor Pedro unos días se encontraba muy contento y todo lo veía de color de rosa y otros días —e incluso dentro del mismo día— cambiaba, sin que se supiese por qué, y se ponía pesimista.

—No, yo he ido poco. Por eso tienes que ir tú, para que ya nadie asista poco a la escuela.

—Bueno, y si usted va y coge al fascista, ¿qué haría usted con él?

—Entregárselo a las autoridades competentes.

—¿Y si las autoridades le dan el paseo?

Se quedó muy serio. En las fachadas de enfrente algunas ventanas estaban iluminadas. Manolito el Bizco acababa de acercarse, harto de soledad, a un grupo de niñas que en la penumbra seguían saltando a la comba. Pasó lentamente, con los faros apagados, un automóvil, pero en dirección contraria al Campillo. Las manos del señor Pedro habían dejado de sujetarme.

—No sé, hijo. Pero lo que sí te digo es que vale más un cristiano vivo que un marxista muerto.

El señor Pedro, con frecuencia, no comprendía bien, lo equivocaba todo.

—Pero es un fascista, no un marxista, al que vamos a quemar, señor Pedro.

Permaneció como alelado y me fui, con el remordimiento de que quizá debía haber sido más fino y quedarme un rato más. Claro que yo ignoraba entonces que una mañana, cinco meses después, al levantar el cierre de la carbonería Tano y yo, le veríamos ahorcado de una de las vigas, amarilla y rugosa la calva.

Se olvidaron y me senté a la mesa sin lavarme las manos. Cenamos antes de que el abuelo y mi padre subiesen de casa de Tano. Aunque Luisa no quería, le conté a la abuela lo que habíamos hecho por la tarde. Riánsares estaba enfadada porque Luisa la había regañado, y no se quedaba en el cuarto de estar mientras nosotros comíamos. Después, fui a orinar y me acosté. Me encontraba cansadísimo y se me mezclaban las ideas. Me puse a leer *Cuchifritín y Paquito*. Casi no se hablaba de Celia, la hermana de Cuchifritín, pero se me fue el santo al cielo —como decía el abuelo— imaginando su cara, el color de su piel, sus piernas —sólo hasta las rodillas—, la entonación de su voz si pronunciara mi nombre. La abuela me dio un beso y me remetió las mantas, cuando vino a apagar la luz. En las trincheras, seguí de charla con Celia, que, como también era roja, se alegraba mucho de que, al fin, hubiéramos hecho prisionero al fascista.

La puerta se abrió. Desde el pasillo, Riánsares me preguntó si estaba dormido.

—Un poco —le dije—. Entra.

—No, duérmete.

Me asustó la hora a la que me despertó la abuela, así que no pude ir al Campillo antes de la clase y tuve que lavarme únicamente la cara y las manos, porque doña Berthe esperaba ya en la sala, aunque tomándose su buen tazón de malta con leche condensada.

—Buenos días, doña Berthe. *Comment allez-vous?*

—*Bon jour, mon petit.*

Aquella mañana doña Berthe estaba más cegata y más torpe y, por tanto, más lenta que de costumbre. A punto de percatarse de que no había estudiado el modelo de la tercera conjugación, le dije que creía no recordar el verbo *avoir*. Se lo creyó, pero lo malo fue que, al llegar al futuro imperfecto del subjuntivo, era verdad que lo había olvidado. Me echó una bronca, hasta que logré desviar la conversación hacia un profesor de francés que ella conoció en Segovia y al que quería mucho. Dejé que me hablase del profesor aquel, que parece que era también poeta, mientras proyectaba escaparme inmediatamente después de la clase.

Si no me hubiera descuidado reforzando de alambre la horquilla del tirador, el abuelo no me habría pillado.

—Pero, abuelo, tú dijiste que iríamos por la tarde.

—Yo dije que hoy saldríamos, sin especificar hora. ¿Es que no quieres acompañar de paseo a tu abuelo?

Él era así, como para hacer tal clase de preguntas.

Me tuve que poner la ropa nueva. En la calle no vi a nadie de la banda. Por pura manía, el abu muchos regocijos, porque empezaba a recobrar la memoria.

No valió de nada decirle que estaba fatigado, ni que llegaríamos tarde a comer. Regresamos andando y, en Torrijos, esquina a Alcalá, nos pusimos a mirar los libros usados, en los tenderetes. Como siempre, el abuelo, después de un rato, me preguntó que cuál quería. Yo quería uno de «Guillermo», de los tres que me faltaban para completar la serie, pero el abuelo opinó que el volumen se encontraba en un estado nauseabundo y tuve que elegir *Emocionantes aventuras de la Misión Barsac,* que era lo que él deseaba. Mientras continuaba hojeando libros, con el bastón colgado de un bolsillo de su abrigo, me acerqué al puesto del señor Rufo, que me dio con una mano en la cabeza y saludó al abuelo quitándose la gorra. Busqué *Corazón,* que no se podía leer porque su autor era de la masonería; la última vez me había quedado en lo del pequeño tambor sardo, pero el libro no aparecía por ninguna parte. Naturalmente, no me atreví a preguntar al señor Rufo. Leí un poco de aquí y de allá, hasta que de pronto, en un libro de poesías que no se entendían nada —y existían poesías bonitas, como las de Campoamor o los romances que Riánsares se sabía de memoria—, comprendí unos versos y me asusté mucho. Los releí varias veces.

—«... porque algunas veces
   hacemos yo y ella

—Éste dice —dijo Germán el Tifus— que lo del fascista es mentira.

—Cállate, Tifus.

—Tú lo has dicho, y, cómo éste no estaba, pues voy yo y le digo lo que tú has dicho. Que es un cuento y que a ver quién se ha inventado lo de que hay un fascista escondido en las cuevas.

—¿Y quién se lo ha inventado? —pregunté estúpidamente.

—De eso se trata —Tano escupió en las manos y se las frotó—. Paco se lo ha oído a su madre, la madre de Paco a una vecina, a la vecina se lo contaron en la cola de la panadería... y así. Vamos, que no hay quien haya visto al fascista. ¿No os acordáis de cuando dijeron que iban a poner barracones en el campo del Parral? Y no los pusieron. O lo de los cañones.

—¿Qué cañones? —preguntó Morrotorcido.

—Que llenarían de cañoñes el Paseo. ¿Hay alguno? No, señor. Lo que pasa es que en la guerra circulan muchos bulos.

—Sí, eso es verdad —dijo Paco—. La quinta columna está siempre lanzando bulos.

—Pero —dije— la quinta columna no se va a chivar que hay un fascista escondido en las cuevas.

—No seas terco. Todo el mundo inventa bulos.

—Sobre todo, la quinta columna, ¿eh? —precisó German el Tifus, que tenía echada solicitud de ingreso en los pioneros.

—Bueno, no discuto más. Pero ¿quién ha visto al fascista?

Todos nos callamos. Porque no había otro remedio. Porque era de esas ocasiones en que estaba de jefe y parecía el más listo y resultaba imposible explicar las cosas con la claridad que, por dentro, se veían.

—O sea, que era mentira lo del fascista —dijo Manolito.

—Eso, Bizco.

—Entonces —empezó a hablar muy despacio Paco, con un miedo visible, pero evidentemente decidido a no callar más— ¿qué hacen ahora en el Campillo los de la banda de Leoncio?

Como si le pesase en los párpados nuestra tontería, abrió y cerró los ojos con muchos visajes.

—Paco, tú sabes que Leoncio es memo —cambió de voz—. Si queréis ir, largaros. Nadie os prohíbe que os paséis toda vuestra puñetera vida en el Campillo, esperando que salga un fascista que no está dentro. Allá vosotros... —hizo como si se levantara.

—La bomba —murmuró Paco.

—¿Qué bomba?

—La bomba de mano, que tienes guardada en tu casa.

—La bomba es mía.

—¡No! —grité—, no es tuya.

—¿Quién la tiene?

—Tú.

—Pues es mía.

—Es de la banda.

—Yo soy el jefe.

—Pero la bomba es de toda la banda.

—Tú te callas —sus ojos se acercaron, brillantes, a los míos—, porque no tienes nada que ver en el asunto de la bomba.

—¡¿Que no?! Yo os avisé que los de Diego de León tenían la bomba, yo lo descubrí.

—Pero no hiciste más. Tú no estabas, cuando cogimos prisionero...

—Porque me castigaron aquella tarde a no salir.

—...al chico de Diego de León, ni le diste tortura, ni hablaste con los de su banda para el rescate, ni les sacaste la...

—Pero yo dije que ellos tenían una bomba de piña, porque le dieron una patada al bastón y se lo tiraron y yo defendí al abuelo y me pegué con ellos y vi que tenían la...

—¡Si no te callas, te parto los morros!

Me callé. Como todos ellos, que en los últimos momentos habían llevado el silencio en sus miradas de Tano a mí. Me callé, hasta que la furia se desató un poco en mi garganta y pude hablar de nuevo.

—La bomba es de todos nosotros.

Sus manos me cogieron del jersey, bajo la barbilla. Le hubiera podido golpear, yo que tenía las manos libres durante todo aquel tiempo en el que sentía su aliento.

—Te voy a expulsar de la banda.

—No, Tano eso no —intervino Paco—. Una cosa es una cosa y otra, que eches a éste de la banda. Éste lo ha dicho con buena intención, para tener algún arma, porque con los tiradores, las hondas y las navajas, el fascista se nos puede escapar.

Me balanceó, antes de soltarme; las palmas de mis manos impidieron que cayese de espaldas al suelo; reseca, la saliva me quemaba en el paladar.

—Está bien —parecía que era buenísimo, que nosotros éramos los malvados—, está bien, chicos. Yo reservaba la bomba por si un día ocurría algo importante, pero...

—Que decida la banda —le interrumpió Morrotorcido.

Todos, menos Manolito el Bizco, que dijo que él no quería saber nada de nada, que luego todo eran líos, votamos que Tano entregase la bomba.

—¿A quién se la doy?

—A mí.

—De acuerdo —se levantó—. Vete esta tarde por mi casa.

—¿A qué hora?

Cogió su carro con malos modos y se metió en el portal sin contestarme. El malestar, una angustia inconcreta por las piernas, a veces en el pecho, era muy parecido al que me dejaban las riñas de mi padre o de Luisa, que en cuatro o cinco horas no se me pasaba el disgusto.

—Iré después de comer —dije.

—Bueno —dijo Paco.

—¿Se habrá enfadado? —preguntó Manolito el Bizco.

—Él es así.

—¿Quién va a hacer de jefe?

Que me hubiesen designado a mí, me hizo un poco más soportable la comida. A favor de la conversación que tenían, me escapé a la cocina a acompañar a Riánsares mientras fregaba los platos y los cacharros.

—Si quieres, te ayudo a secarlos.

—No, que los dejas medio mojados. ¿Qué te pasa? —sonrió, al sentarme yo en el mármol de la mesa—. ¿Te has enfadado con Tano?

A uno se le olvidaba que Riánsares —al igual que la abuela— era listísima.

—No quiere venir a cazar al fascista.

—¿No le habéis cogido aún?

Yo creo que se olvidaba, porque, a veces, Riánsares hacía preguntas de boba.

—Esta tarde le cogeremos.

—¿Cómo?

—Ya se verá.

—¿Es viejo o joven?

—Debe de ser viejo.

A través de la ventana de la cocina, el Campillo estaba desierto bajo el sol. Riánsares iba de los armarios al fregadero y del fregadero a los armarios. Por el escote se le veían un poco los pechos.

—¿Te ha comprado novelas el abuelo?

—Sí.

—¿Muchas?

—Cuatro.

—¡Ahí va...! Si son bonitas, me las dejarás leer, ¿verdad? —afirmé con la cabeza—. Luego dices que no te quiere.

—Me las compra porque piensa que el dinero no va a valer.

—Pues a tu hermana le he oído que los billetes que tengan no sé qué números sí van a valer.

—Es una tontería. Los nacionales no ganarán la guerra...

—Claro —dijo Riánsares.

Salió, volvió a la cocina, llenó el cubo y yo seguía allí, sentado en la mesa, columpiando las piernas, sin abandonar la vigilancia de la tierra seca del Campillo.

—¿Hace mucho que no ves a la Concha?

Lo que vi, cuando miré, asombrado de que me hablase de la Concha, fueron los muslos de Riánsares, que, arrodillada, extendía la bayeta hacia delante.

—Hace poco.

—Ayer vino con Tano. También...

—Ya lo sé.

—Hijo, estás más soso hoy... ¿Sigues pensando en el fascista ése?

Me bajé de un salto; contra los avisos de Riánsares de que no pisase las zonas recién fregadas, llegué hasta ella y conseguí llevar la mano lo suficientemente dentro. Como si hubiera sido yo el desprevenido, su carne dura me transmitió un escalofrío. Desde el pasillo, le hice prometer que, cuando Luisa preguntase por mí, diría que había bajado a casa de Tano.

En casa de Tano, la criada me comunicó que todos dormían la siesta, manteniendo la puerta tan entornada, que daba la impresión que yo intentaba tocarle el culo.

—Ya volveré.

—Hasta las seis y media no se va a levantar.

—Tú dile que yo voy a volver y que tenga preparado eso.

—¿Qué?

—Eso. Él ya sabe lo que es. De mi parte, que lo tenga preparado.

El señor Pedro, don Agustín, la portera, el lechero y Manolito el Bizco —Manolito de mirón— comentaban en el portal un bombardeo de los aviones fascistas por Atocha, la noche anterior. Manolito el Bizco se me unió, camino del Campillo. Además de los nuestros, estaban Leoncio y los de su banda.

—¡No acercaros, no acercaros! —gritó Eugenio.

Nos paramos. Leoncio y Paco nos hicieron señas de esperar. Justo frente a la entrada de la cueva larga, en cuclillas, trabajaban en algo invisible. Después de un rato, chillaron que ya podíamos. Estaban muy sonrientes.

41

—¿No notáis nada?

El muro de tierra, las latas mohosas, el gran hoyo rectangular, el sol, algunas nubes, el estercolero, las niñas saltando a la comba en la acera de Sagasti, unos pequeñajos del barrio saltando a dola en el andén central del Paseo, todo era normal. Pero Morrotorcido rugió, al dar Manolito el Bizco unos pasos y varias manos le asieron.

Desde la mañana habían cavado. Ahora la trampa tendría un metro o metro y medio de profundidad por dos de ancho; acababan de colocar el cartón, pringoso de cola y arena, sobre aquel agujero a la salida de la cueva. El poco disgusto, que aún me roía en el vientre, se disipó de golpe.

Nos reíamos mucho, añadimos otro trozo de cartón, camuflando más la débil cubierta, que cedería bajo el peso del fascista, y el tiempo se iba sin sentir. En una ocasión, Eugenio levantó la cabeza y nos mandó callar. Pero nadie había oído pasos —o aquella respiración—, que Eugenio aseguraba habían sonado en la cueva. Leoncio me recordó que ya serían las seis y media.

La criada de Tano dijo que eran las siete y que Tano estaba en mi casa. Subí los escalones corriendo. Por desgracia, embestí al abuelo en la penumbra del pasillo. Se puso furioso, principalmente por mi ausencia desde prima tarde, como dijo. La prohibición de salir hasta el día siguiente le tranquilizó algo. Y luego, antes de que pudiera llegar al cuarto de Luisa, la abuela se empeñó en darme pan y chocolate. El chocolate sabía a tierra y a harina de almortas, pero la abuela me partió dos onzas y tuve que prometerle que no las tiraría por la taza del retrete.

—Y lávate las manos.

—Sí.

—¿Por qué estaba enfadado tu abuelo?

—Porque he chocado con él.

—Si vas a volver a bajar a la calle...

—Sí, abuela.

—... ponte también el jersey de lana gruesa.

—Sí, abuela.

Me sequé las manos, aún jabonosas.

—¿Por qué suspiras? —preguntó.

—Abuela, no sé qué pasa, pero siempre que se entra en esta casa uno tiene que hacer cuarenta cosas antes de poder hacer lo que a uno le interesa.

En el dormitorio de Luisa, ésta y Concha estaban sentadas al borde de la cama, y Tano, tumbado de costado, sin zapatos, lógicamente. Concha tiraba los dados sobre el vidrio del tablero del parchís.

—Hombre, ¿tú por aquí?

Tano fumaba uno de los cigarrillos de Luisa y en el cenicero había varias puntas, que, si podía, robaría antes de marcharme de aquel aire, que olía y sabía dulzón.

—Siéntate —Concha movió la alfombrilla con un pie— y te damos las azules.

—No voy a jugar.

—Dejadle —dijo Luisa—. Lleva un día ina-
guantable.

—Quiero hablar contigo.

Sorprendentemente, preguntó:

—¿De qué?

Me gustó que ellas se asustasen de mi movimien-
to hacia la cama. Tano escurrió el cuerpo y se levantó.

—Vamos.

A Concha, el borde de la falda le quedaba más
arriba de sus rodillas juntas, a partir de las cuales
las piernas, también unidas, tenían una inclinación
respecto al suelo quizá demasiado atrayente para
no ser premeditada. Sus ojos no se apartaban de
mí y sonreía, con una cierta burla, con una rara superioridad.

—¿Te has dormido o qué? —Concha alzó la
voz—. Tano, oye, no nos dejes colgadas.

Sólo nos separamos unos pasos de la puerta del
dormitorio de Luisa. Sobre el murmullo de las voces de ellas, Tano empezó a hablar muy de prisa,
poniéndome una mano en un hombro, en aquel
tono de verdadera amistad y mucho secreto, que
únicamente utilizaba en nuestras conversaciones
importantes.

—Mira, quédate, no seas burro. Dentro de un
rato, pasarán Joaquín y su hermana Rosita. Decimos que jugamos al escondite y nos llevamos a
Concha al cuarto trastero. Los dos juntos. Allí...

La casa tenía los pequeños ruidos de la primera

hora de la noche, los olores conocidos y algunos excitantes, aquel casi sabor de las largas tardes con Concha por las habitaciones oscuras, de las carreras con el aliento contenido y los breves abrazos de risas nerviosas. Todo en la voz de Tano, en la presión de sus dedos sobre mi hombro. Los otros quedaban desagradables y empequeñecidos, en el Campillo, con la trampa que hacía sudar, con las discusiones interminables y los rostros inexpresivos o los gestos embrutecedores. Tano me decía que Luisa tenía muchos cigarrillos, que los mayores se bajarían a su casa, que quizá Riánsares podría jugar con nosotros. Y yo pensaba que afuera se estaría haciendo de noche, con esa tristeza que daban las voces aquella hora, ampliando el espacio, agrandando el aburrimiento, o el desánimo, o lo que fuese.

—La bomba —dije.

No tardó en contestarme.

—No la tengo, ¿sabes? Te lo juro, que no la guardo en casa. Me daba miedo que la descubriesen o que un día explotase y...

—No puede explotar, mientras no se desenrosque el anillo de la espoleta.

—Lo sé, pero me dio miedo y la escondí.

—¿Dónde?

—Ahora no puedo ir a buscarla. Mañana te la doy. De verdad. Tampoco esta noche vais a necesitarla. ¿Me crees? Te doy mi palabra.

—¿Tu palabra o tu palabra de honor?

Me cogió una mano y me obligó a estrechar la suya.

Ya en la escalera olía mal, a serrín o a meados o a verdura cocida, o todo junto. Regresé lentamente, recordando que no me había puesto el jersey de lana gruesa, ni había robado el cenicero de Luisa. Les diría que no encontré a Tano. O que me había entregado la bomba y la había escondido yo. Les diría cualquier cosa, pero ignoraba qué resultaba peor, si ocultar o no aquella cobardía de sacar fuera de su casa la bomba, porque así, tapándole y sabiendo él que le encubría, se haría cada vez más de sus padres, de Luisa, de... Pero no. Corrí un trecho, hasta la primera pendiente. No, Tano nunca sería de los nacionales. Resultaba imposible, siendo el jefe y sabiendo tantas cosas como sabía.

En parte por las linternas y en parte porque sólo me esperaban a mí para entrar en la cueva, me hicieron pocas preguntas, conformándose con mis evasivas respuestas. Lo menos se pasó un cuarto de hora en la discusión de quién llevaría las dos linternas, decidiéndose que serían sus dueños, o sea, Leoncio —a quien se la habían prestado en su barrio— y Eugenio —que se la había robado a su padre—. De tantas pruebas que hicimos, me dio miedo que se agotasen las pilas. Era de noche, cuando, divididos en dos grupos y en fila india detrás de los haces de luz, penetramos en la cueva. Muy despacio, sin hablar, con el aire apretado en los pulmones y expelido cuidadosamente por las narices.

Las paredes estaban algo húmedas. Yo caminaba detrás de Eugenio, a la altura de Leoncio, que se retrasaba pegado a la pared frontera. Volví la cabeza. Al fondo no había claridad, sino una única sombra plana.

El suelo de la cueva descendía en un ángulo, menos pronunciado que el techo. Al llegar a la primera plazoleta, de las muchas en que la cueva se abría, era preciso inclinar la cabeza. Seguro que los milicianos no habían pasado de allí y, muy probablemente, ni siquiera habrían inspeccionado el corto túnel lateral, que la luz de la linterna de Leoncio recorrió con un lentitud propia para provocar un ataque de nervios.

—Adelante —susurró, por fin.

A medida que la cueva volvía a estrecharse, el techo se separaba más del suelo, sobre todo desde la primera curva. Era aquél un mal trozo, debido a los casi constantes cambios de dirección, que los recodos imponían, y de los que se derivaba una inevitable pérdida del sentido de la marcha. Hacía frío y a los malos olores de la entrada los había sustituido una vaharada de aire estancado.

En el centro del túnel, Eugenio descubrió un calcetín negro, sucio, pero no roto, y una caja de fósforos, con una sola cerilla. Después de un poco y sin saber qué pensar de aquellos hallazgos, proseguimos camino.

Leoncio ordenó la detención de las dos filas. Olía a humo.

—¿Está fumando alguien?

Como nadie contestaba, mientras Eugenio mantenía su linterna al frente, hacia las tinieblas apenas rotas, Leoncio iluminó primero la fila inmóvil de nuestra banda, para continuar con los suyos.

—Éste estaba fumando.

—¿Quién?

—No hacer ruido, que nos va a oír el fascista —dijo Paco.

—Éste.

Leoncio llegó al final de los de su banda; sólo veíamos las piernas, los calcetines y los zapatos, o las alpargatas. Pero Leoncio subió la linterna y en seguida pensamos que, a poco que el otro se mantuviera, acabarían pegándose, porque era ya mayor, lo menos de trece a catorce años.

—¿Por qué fumabas?

El otro contestó en un murmullo.

—Claro —dijo una voz—, no se ha prohibido.

La linterna de Leoncio cayó al suelo, antes de que se agarrasen por la cintura y se derribasen ambos. En el primer instante, durante aquel breve y total silencio, oímos los golpes de los puños y de los puntapiés. Las filas se deshicieron.

—Ilumina, ilumina —ordenó Morrotorcido a Eugenio—. No pueden estar a oscuras mientras se pegan.

Tardaron mucho en quedarse quietos, aunque tendidos, porque nadie de los suyos se decidió a separarlos, y nosotros, tratándose de una pelea entre

dos de una banda ajena, no estaba bien que intervi-
niéramos. Leoncio se levantó con las manos en los
riñones y sangre en las narices. Al otro le temblaba
la mandíbula inferior. Se limpiaron con los pañue-
los y se comprobó que la bombilla de la linterna de
Leoncio se había fundido.

El olor aumentó unos metros adelante. Leoncio,
Paco, Eugenio y yo, que nos habíamos destacado a
explorar, nos paramos. Paco opinó que se trataba
de humo de papel quemado.

—Pero no se ve nada —la luz descubrió las paredes de tierra, el techo, ahora abovedado, el aire
invisible.

—¿Notáis humo en la garganta?

—Vamos a seguir. A lo mejor se nota más si...

—Un momento —dijo Paco—, se nos ha olvidado la cuerda.

—¿Qué cuerda?

—No se puede entrar en una cueva como ésta
sin una cuerda. ¿Cómo vamos a salir, si no?

—Anda, pues es verdad. ¡Qué tío!

El único que no estuvo de acuerdo, ya que la pelea le había dejado revuelta la bilis, fue Leoncio.
Mal que bien, le convencimos de que, si seguíamos,
nos perderíamos por aquellas galerías, cuyo final
nadie había alcanzado jamás.

—Tano —dijo Manolito el Bizco— ha recorrido entera la cueva y dice que va a las alcantarillas.

Que Manolito el Bizco se hubiera separado de
los otros y, tal que una aparición, se pusiera a ha-

blar —y a hablar como un mentecato— a nuestro lado, nos dio un susto considerable. Paco le tiró una bofetada, que sólo alcanzó la espalda de Leoncio.

—¿Qué haces aquí, imbécil?

—Los demás se están marchando. Yo no he querido salir sin vosotros.

El camino de vuelta se me hizo asombrosamente corto. Quizá no habíamos alcanzado la parte desconocida de la cueva. Fuese como fuese, traía paz respirar el aire libre de la noche, no se podía negar. Incluso Leoncio se puso de mejor humor, lo que permitió, sentados en círculo junto al hoyo camuflado, organizar el asunto de las cuerdas.

—No tienen que ser iguales, ni muy gordas tampoco —explicó Paco—. Todas valen. Las unimos con nudos y hacemos una cuerda larga, larga. Como de aquí a Somosierra.

—¿A dónde?

—Cuando ya tengamos la cuerda larga, se clava un extremo en la entrada y nos cogemos a ella y vamos entrando y entrando y entrando. Para salir..., pues lo mismo.

Se perdió mucho tiempo en explicárselo a los que no lo comprendían. Leoncio puso un poco de orden, cuando se empezó a cagar en la madre de quien él sabía, dando gritos y mandando que todo el mundo, entendiese o no para qué, trajera todas las cuerdas que encontrase. Y cuanto más largas, mejor.

—¿Cuándo? —dijo Germán el Tifus.

—Ahora mismo.

—¿Ahora? Es ya de noche.

Evidentemente había que aplazarlo y sobre eso se quedaron deliberando, al largarme yo, con el proyecto recién imaginado y, en el bolsillo trasero del pantalón, la navaja que Morrotorcido me acababa de prestar.

El reloj de la panadería, que adelantaba cinco minutos, marcaba las nueve menos cuarto.

Subí muy despacio, para que no se oyese el ascensor. Me faltaba un tramo, cuando me inmovilizó el ruido de la puerta de casa. Entre sus voces ininteligibles, sonaban muchas risas. Duró poco. La puerta se volvió a cerrar, al tiempo que oía unos pasos —los suyos— hacia los escalones. No pude resistir y me acerqué a la barandilla. Debió de notar mi presencia, porque levantó la cabeza tan de prisa que no me dio tiempo a echarme atrás.

—¿Qué haces ahí?

—Chisstt... —aun a aquella distancia, percibí algo deshecho su peinado—. Te esperaba.

Subió en vez de bajar, con una risa que yo no sabía a qué venía, echándola en las manos que mantenía junto a la boca. Nos sentamos en el último escalón, las espaldas apoyadas en la puerta de madera de la azotea.

—¿No habrá nadie en la terraza?

Empujé con los hombros y la cabeza.

—No. La puerta está cerrada con llave.

—¿De verdad me estabas esperando?

—Sí.

—Iba a mi casa a buscar el palé. Tano es una monada. Lo pasamos de maravilla. ¿Qué has hecho tú?

—Por ahí...

Coloqué un brazo detrás de su nuca, para darle el primer beso, en el pelo.

—No empieces. ¿Seguís con eso del Campillo?

—A ratos —traté de poner la mano, que había dejado resbalar por su omoplato, en el lateral del pecho—. Anda, déjame.

—¡Que te estés quieto! ¿Me has oído? Oye, si te hubieses quedado, lo habrías pasado chanchi. Tano se ha disfrazado con el abrigo y unos zapatos de Luisa. Si no te estás quieto, me voy. Además, me tengo que ir. He salido a buscar el palé.

—No te vayas, Concha.

Luchamos un poco, me rechazó, me estuve quieto y empezó a contarme las gracias de mi hermana, las gracias de Tano, sus propias gracias, hasta que no sólo comprendió lo que me aburría, sino que ella misma tuvo que aburrirse. Apretó los muslos aparatosamente y rió por lo bajo. La besé con mucha fuerza —y mal, lo reconozco—, de forma que me extrañó que cambiara de postura, para mayor comodidad mientras nos besábamos abrazados. Al rato, me pidió que la tocase. Luego, quiso que le tocase las piernas. Su saliva me dejaba ya un sabor amargo y buenísimo.

—Un poco, ¿quieres? Yo también te lo hago —Concha se subió la falda, antes de que mis dedos, temblones como hojas de árbol al viento, se quedasen engarfiados en su piel lisa—. ¿No quieres que te lo haga yo?

Por vergüenza, no me cubrí las mejillas, para enfriármelas, ni me palpé aquella vena del cuello, donde la sangre me daba latigazos.

—No me toques —dije.

—¿Qué?

Su aliento en la oreja me enervó más, al tiempo que me turbaba.

—Que no.

—Pero ¿por qué no me dejas? —toda su risa ronca—. No vas a decirme que nunca lo haces.

—¡No! —grité con cólera, especialmente contra mí mismo, que sí lo había hecho dos veces, quizá cinco.

Entonces, ella transformó en aquella dulzura, que ya le conocía, su ímpetu, la superioridad de sus decisiones, y nos besamos muy fuerte y muy lento, sin temor y sin fastidio, con la certidumbre de que su voz sería distinta y la evidencia de mi cariño por su cuerpo, por su olor, por su nombre, que me repetía interiormente.

—No seas crío —su voz, acariciante como las yemas de sus dedos, sonaba diferente—, todo el mundo lo hace.

—¿También tú?

Concha tuvo una risa nerviosa, excitada, muy parecida a un golpe de tos.

—¿Quieres que te diga un secreto? —me apretó muy tenso—. Casi siempre, ni me acabo el postre para ir antes a dormir la siesta.

Era difícil distinguir los rasgos de su cara, tan próxima a la mía, pero aquella expresión glotona de sus labios húmedos, desde entonces, se me hizo nítida en muchas ocasiones, fundamentalmente las noches en que me costaba retener el sueño y la precisión del recuerdo me justificaba y me alentaba.

—Pero tú, ¿cómo? —dije.

No movió los labios y, decididamente, me cogió la mano izquierda; comprendí que me había hablado de ello, sólo para enseñarme a hacérselo.

Al principio, con los ojos cerrados, me acordé de Celia, que era buena, muy guapa, delgada y algo triste, pero no había manera de sustraerse —ni, de pronto, quise sustraerme— a la Concha, que también era muy guapa y, además, de carne y hueso, no un personaje de libro.

Ella quedó fatigada; yo, contento, y los dos, sudorosos. Nos limpiamos con mi pañuelo y ya casi no habló, aunque sí nos besamos más, hasta que dijo que se iba, que no podía quedarse, y se fue.

A solas, sentado en el último escalón, con la rabia de no haberme atrevido a decirle que la quería mucho, sentía cierto que la amaba casi tanto como a Celia, que era educada, inteligente, que nunca soltaba palabrotas como ella, como yo, o los chicos de la... Me puse en pie de un salto, asustado también porque la navaja de Morrotorcido no estaba en el bolsillo trasero de mi pantalón. La encontré en el suelo, junto a una jamba de la puerta.

Había empujado tantas veces, con Tano, la falleba de aquella cerradura, que no resultó difícil correrla del todo, aunque tardé más de lo habitual por miedo a que saltase la hoja de la navaja. Probablemente, a causa de las estrellas, blanquísimas, el cielo brillaba muy alto.

Por fortuna, no había ropa tendida. Tardaría menos de cinco minutos en cortar y arrollar las cuerdas, que cruzaban la azotea en varias direcciones. Con ellas debajo del jersey y el malestar difuso que siempre me producía dejar abierta la puerta de la terraza, entré sin parar hasta el cuarto de baño. En el espacio entre el bidet y la pared escondí las cuerdas. Incluida la de Concha, las voces, en el otro extremo de la casa, se alzaban a veces todas juntas, confusas.

Nada más llegar a la cocina, Riánsares, que preparaba el puré, se apartó del fogón para transmitirme la noticia.

—¿Y también lo ha oído la abuela?

—Estábamos las dos juntas cuando la radio lo ha dicho. Unión Radio. ¡Ah!, y que llevaba una mochila.

—¿Una mochila? ¿Para qué llevará una mochila?

—Digo yo —dijo Riánsares— que será para los víveres.

—A lo mejor... —di vueltas de la puerta al fregadero—. Pero ¿joven como quién?

—¿Quién?

—El fascista.

—Pues... será como tu hermana o como... ¿Yo qué sé? Han dicho joven y delgado.

La abuela subió de casa de Tano, cuando todos se habían ido ya y yo me hallaba con mi primer sueño, en busca del fascista por un río amarillo, la mano de Celia —pegajosa— en el hueco de mi mano.

A media mañana, desde el baño, oí los preparativos. Efectivamente, sucedió que —aquel día había de ser— era domingo.

La vida estaba llena de semejantes acontecimientos inesperados, previsibles sin embargo, si no fuese por la fatiga o la atención que otros hechos ocupaban. Le tocaba leer a mi padre. Reunida en el cuarto de estar toda la familia, con excepción de la abuela e incluida Riánsares, me busqué el rincón más cercano al ventanal; a través de los visillos y por la abertura de las contraventanas entornadas, la luz de la calle, hecha sólo de sol, me recordaba aún más, y por si necesitase signos, el rollo de cuerdas detrás del bidet, mientras mi padre, con una parsimonia indudablemente deliberada, no terminaba nunca la Epístola, en voz demasiado baja. Había olvidado que leía el Evangelio en latín, lo repetía en castellano y, por fin, ya que no había quien predicase, nos invitaba a meditar unos minutos. Según él. En realidad, meditábamos horas, siglos enteros. Antes de la Consagración, la abuela, recién lavada y con una energía insoslayable, abrió la puerta. Después de explicar que, aun en el supuesto de que resultase conveniente la ceremonia, yo era demasiado pequeño para asistir a ella, soportó pacientemente los chillidos del abuelo y logró sacarme de la habitación. La pobre Riánsares, cubierta la cabeza con un velo de Luisa, me miró y sonrió a medias.

La abuela dijo que bueno, que me fuese a la calle, pero no antes de cortarme las uñas. Así es que, colocado frente a ella, que se había sentado en el mirador de la sala, extendí los dedos de la mano derecha.

—¿Es verdad, abuela, que ayer dijo Unión Radio que había un fascista joven, delgado y con mochila por estas calles?

—Sí, es verdad. Exactamente, que se hablaba de una persona sospechosa, vista... —rió, al interrumpirse—. Oye, pero muchas veces se equivocan, ¿eh?

—Nosotros tenemos razón, ¿a que sí, abuela? Nosotros, los rojos.

—Sí, hijo. Aunque no sólo basta con la razón.

—Hay que ganar.

—Hay que tener paciencia.

—¿Paciencia?

—Muchos días y muchos años. Dame la otra mano. Es necesaria para convencer a los que piensan de otra manera, ¿comprendes? Los que piensan de otra manera no se convencen por lo que les decimos, ni por lo que les hacemos, sino por lo que nosotros mismos somos.

—¿Por el ejemplo?

—Algo así. ¿Cuánto tiempo hacía que no te cortabas las uñas?

—No lo sé. Oye, abuela, ¿tú crees que el abuelo se va a convencer? ¿Y mi padre y Luisa?

—Hijo, sería suficiente que dentro de unos años no te convenzan a ti.

—Abuela, ¿tú eres feliz con el abuelo?

—Sí —dijo—, porque de ese asunto de la felicidad siempre me he encargado yo. ¡Ya están! Puedes irte.

Me quedé un rato, queriendo decir algo que no sabía. Le di un beso, le pedí que entrase en el cuarto de estar a liberar a Riánsares, cogí las cuerdas y casi caigo en una parecida, porque en casa de Tano también leían la misa, en el comedor. Por la calle, me quité el jersey.

Era muy extraño, pero en el Campillo, afanadísimos con los nudos de la gran cuerda, únicamente estaban Leoncio, Paco y Manolito el Bizco.

—Se han ido al campo del Parral a jugar un partido.

—¿Hacen falta más? —tiré las cuerdas de tender la ropa—. La radio dijo que el fascista lleva una mochila.

—Éste lo vio anoche —Leoncio, en cuclillas, sin dejar el trabajo, ni tan siquiera alteró el tono de la voz.

—¿Tú?

—Anoche —confirmó Manolito el Bizco.

—¿También vino anoche tu tío Ramón?

—También. Como no podía estar en casa, cogí y me puse a perseguir a un gato. El gato se vino para acá. Hacía viento y estaba muy oscuro y había truenos.

—¿Truenos? —dijo Paco—. Antes no has contado que anoche hubiera truenos.

—Truenos y relámpagos muy grandes. Pero a mí se había metido en la mollera cazar el gato y, además, no tenía nada que hacer, porque había venido el tío Ramón. Ahí, en la esquina de Sagasti, le solté un cantazo en la cabeza y pegó un chillido.

—¿Le arreaste una pedrada al fascista?

—Al gato.

—Los gatos no chillan —dijo Paco.

—Pues éste chilló —Manolito el Bizco siempre se ratificaba en sus apreciaciones, tozudo hasta el punto de que era mejor creerle—. Yo entonces fui y le perseguí. Ni me acordaba del fascista ni nada. Yo quería cazar al gato, porque como no podía estar en casa y ya no había nadie en la calle, pues eso.

—¿Y le cazaste? —dijo Paco.

—Pero ¿viste al fascista, sí o no?

—¡Claro que lo vi! Estaba buscando piedras para machacarle los sesos al gato y va y, de pronto, una sombra, así como agachada, pero sin correr. Miro mejor y veo que era un hombre. Bajó el terraplén y se las piró por el Paseo.

—¿Era delgado? ¿Llevaba mochila?

—No me fijé. Me dio un susto de órdago.

—Si te llega a coger, te mata —dijo Leoncio—. Bueno, esto ya está.

—Maldita sea, hay que encontrar la bomba. Sin la bomba no lo agarraremos nunca.

Tano se había ido a comer a casa de sus tíos. El partido lo empataron, así que quedaron citados a las cuatro y media para el desempate. La abuela tenía jaqueca. Concha y Luisa se encerraron en el dormitorio, pero no se les entendía nada a través de la puerta y, por el ojo de la cerradura, únicamente se veían los pies, uno sin zapato, de Concha. Riánsares se arregló velozmente para irse con sus amigas. Cogí la navaja de Morrotorcido y la estuve afilando, hasta las cinco, en el borde de la mesa de mármol de la cocina.

A las cinco nos encontramos Leoncio, Paco y yo. Manolito el Bizco estaba castigado. Y menos mal que Eugenio, que jugaba de medio centro, no había olvidado dejarnos la linterna.

—¿Vamos? —dijo Paco.

Nos miramos en silencio y decidimos fumar un cigarrillo. La tarde estaba muy bonita, sin gente, el sol también solo en medio del cielo, los tejados, los desmontes de la Fuente del Berro, los árboles quietos del Paseo. A Leoncio se le notaban los pensamientos en las arrugas de la frente, en lo contraída que ponía la cara, como si hiciese mayores con esfuerzo. Un extremo de la soga estaba sujeto a la tierra. No había nada más que preparar, por lo que, después de sujetarnos los cinturones, entramos en la cueva.

La claridad duró mucho más que la tarde anterior, se perdió poco a poco, cambiando de color y los diversos colores haciendo la cueva distinta. Paco y Leoncio llevaban el montón de cuerdas anudadas, que se iba desenrollando; yo me adelanté a ellos y encendí la linterna.

A veces se hubiera creído ver en la oscuridad. Las pendientes, los estrechamientos, el techo que se perdía encima de nuestras cabezas, las cuevas laterales, las bifurcaciones, aquellos charcos de agua o de fango, las ratas que huían hasta trepando por las paredes, hacían muy lejano el mundo exterior, obligaban a pensar que nunca más regresaríamos. Nos sentamos unos instantes, cansados de caminar, algo inquietos por la cuerda que se acababa. Se le ocurrió a Leoncio colocar señales, tales como montoncitos de tierra o de piedras, lo que retardó la marcha. Paco calculó, porque había ido contando de sesenta en sesenta, que lo menos llevábamos una hora de camino. Daba ahogo imaginar que nos encontrábamos debajo de la plaza de toros, de los tranvías. Un poco más y estaríamos bajo el Cementerio del Este; quizá el suelo de algunas tumbas se habría derrumbado y los cadáveres habrían caído a la cueva; cadáveres de mujeres, de niñas, trozos de ataúdes.

—¡Apaga! —pidió anhelosamente Paco.

Yo la había visto al mismo tiempo que él. Leoncio y Paco respiraban con ruido; puede que nos cogiésemos de la mano, hipnotizados por la luz que, desde la oscuridad, brillaba mucho al principio y, poco a poco, se descubría que era la llama de una vela.

Los últimos metros nos arrastramos, pegados a las paredes. La vela, colocada sobre una lata, iluminaba al hombre vestido de paisano, que apoyaba la cabeza en las manos y las manos sobre las rodillas. Fue el otro, el de la chaqueta de cuero y los pantalones de pana, quien se despertó y, de un salto, quedó sentado. Nos tenía que haber oído. El que estaba cerca de la vela levantó la cabeza, al tiempo que estiraba las piernas.

—¿Quién anda ahí?

La luz de su linterna chocó con la de la mía. Durante unos momentos, nos cegamos todos y, luego, vimos en pie al del chaquetón de cuero, apuntándonos con la pistola. El otro apoyó la espalda en el muro de tierra.

—Son unos chicos.

—Hola —se guardó muy de prisa el arma—. Qué, ¿estáis jugando?

—No, señor —dijo Paco.

—Baja esa luz, muchacho, que me vas a dejar ciego —avanzó un paso, pero yo mantuve la linterna enfocada a su rostro sonriente, muy moreno—. ¿Sois vosotros los que anoche cavasteis un agujero a la salida de la cueva?

—Sí, señor —dijo Paco—, para coger...

—Cállate, Paco.

—... al fascista.

Movió la luz de su linterna hasta donde el otro continuaba sentado y dijo:

—El fascista es éste.

Dentro de aquel silencio oí el roce de la piedra en la zapata del tirador de Leoncio.

—Y usted ¿quién es?

—Déjale que hable él, Leoncio —el tipo sonrió, lo que me dio mucha rabia—. Tenemos una bomba de mano, ¿sabe? Si se mueven, les tiro la bomba y les mato.

Tardó en hablar, aunque se le notaba que iba a hacerlo. Quieto, siempre con la sonrisa de persona decente, que a mí nunca me engañó, metió la mano en su chaquetón de cuero y arrojó algo al suelo. Después iluminó y pudimos ver, muy negro sobre la tierra removida, un nueve largo.

—Cógelo.

—¿Es usted rojo?

—Sí, Paco.

—¿Cómo sabe mi nombre?

—¿Por qué no nos sentamos a tratar el asunto

con tranquilidad? —se sentó, casi en el mismo sitio donde había estado durmiendo—. Si no lo contáis, os explico todo.

Paco y Leoncio se sentaron frente a los dos hombres; yo me quedé, la espalda contra una de las paredes, iluminando sus cuerpos un poco encorvados, la cara seria del fascista de paisano.

—¿De verdad es usted de los leales?

—Yo soy el jefe del contraespionaje.

—¡Ahí va, su madre! —dijo Leoncio.

—¿Sabéis lo que es el contraespionaje? Bueno, pues yo soy el jefe y tengo que coger a los emboscados, que se pasan por la Ciudad Universitaria para hablar en Madrid con los de la quinta columna. Éste es uno de ellos —le empujó por el hombro, con tanta fuerza que el otro se quedó tendido unos momentos—, un traidor.

—¿Y qué hace usted con él, aquí?

Aunque no podía verme porque era mi linterna la que estaba encendida, miró hacia donde yo me encontraba. Llevaba un pequeño bigote, parecido a una fila de hormigas.

—Tú no quieres ser mi amigo, ¿eh?

—Lo que quiero es coger al fascista.

—Le he cogido yo.

—¿Y por qué no le ha llevado a la cárcel o le ha pegado un tiro?

—Si no me dejas que te explique... Me da lo mismo que seas mi amigo o no, pero déjame que explique el asunto —estaba sinceramente enfadado—.

Y guárdate tu granada de mano, que no nos hace falta ahora.

En el eje de todos mis pensamientos, que giraban, se cruzaban, se disolvían unos a otros, cambiaban de sentido, adiviné sin duda alguna que Tano escondía la bomba en la tienda del señor Pedro. Tenía que haber estado meditando en ello sin parar, aunque no me hubiese percatado, para que en aquel segundo, sólo por la entonación del tipo al mencionarla, hubiera adivinado que la bomba se hallaba debajo de un montón de leña en la carbonería. Me sentí más seguro.

—Si intenta escaparse, tiro la bomba.

—Déjanos en paz con tu dichosa bomba.

—Sí —dijo Leoncio—, deja que nos lo cuente.

—Pues nada, que éste es un fascista y se pasó por las alcantarillas a salvar a otro fascista, que estaba escondido. Pero yo le apresé y ahora he de esperar ayuda. Se le ha roto una pierna.

—¿Tiene una pierna cascada?

—Sí —dijo el fascista de paisano—. Me duele mucho.

—Mejor —dijo Leoncio—. ¿Quiere usted que llamemos a los milicianos? Ayer andaban por ahí.

—No, hijo. Si avisas a los milicianos, se enterarán también los de la quinta columna. El enemigo escucha en todas partes.

—Sí, señor, cualquier —dijo Paco— oreja puede ser una oreja enemiga.

—Naturalmente. ¿Vosotros queréis ayudarme?

Volvieron los rostros a mí, guiñando los ojos.

—¿Qué hacemos? —dijo Paco.

—Un momento —me senté en la tierra—. Si es usted rojo, diga una blasfemia.

La dijo.

—Está bien. Diga otra.

Dijo otra. Y añadió una nueva blasfemia, sin que nadie se lo pidiese.

—¿Crees ahora que soy de los leales?

—Le ayudaremos, pero luego tiene que decir que le hemos ayudado.

—Seguro que nos dan una medalla —dijo Leoncio.

—Seguro —con un pie, acercó la pistola hasta su mano, que la introdujo bajo la chaqueta de cuero—. Diré que lo hemos cogido entre todos. Y ahora, marcharos. Mañana venís temprano, traéis cuerdas y le sacamos, cuando no haya nadie, para que no se escape.

—Vuelvo en seguida —Leoncio cogió la linterna del jefe, antes de levantarse.

—¿Tiene usted una mochila?

En los ojos del fascista, que continuaba callado, se transparentó la duda. Pero él no, él contestó imperturbable. Es más, adelantó un brazo hacia la oscuridad y arrastró hasta la luz una mochila vieja, de soldado, con algunas correas rotas. Abrió la mochila del fascista, mientras yo le contaba lo que Riánsares y la abuela habían oído por Unión Radio, para darnos una tableta de chocolate —que partimos en tres trozos—, tan rico como el de antes de la guerra.

Leoncio trajo una cuerda lo suficientemente larga para maniatar al fascista; él nos ayudó, muy contento, sin dejar de contar historias, ya que antes de ser jefe del contraespionaje, había estado en el frente; conocía a Miaja, a Durruti, a Lister; dijo que eran más listos que nadie y que la República tenía prácticamente ganada la guerra; sólo restaba aniquilar a aquellos cerdos de la quinta columna —el fascista gimió, al apretar Leoncio con fuerza la cuerda— y habríamos vencido.

—Después de la guerra —preguntó Paco—, ¿los pioneros tendrán que ir al colegio?

Él no lo sabía, pero se iba a informar para decírnoslo. De lo que sí estaba seguro es que habría mucho pan blanco, chocolate bueno, garbanzos, pollos —Leoncio preguntó que si los pollos se comían—, en fin, que lo pasaríamos de rechupete. Por todo lo cual, era preciso que volviésemos a la cueva temprano.

—Yo, antes de las diez, no puedo escaparme de casa.

—A las diez estará bien, hijo. Pero, por favor, si decís a alguien que hemos cogido a este fascista, ya no nos darán las medallas. ¿Entendido?

Resultó sorprendente la frialdad de su mano. Dijo que nos acompañaba, iluminó también con su linterna, dejó que Paco llevase un rato la pistola y, cuando afirmó que regresaba a vigilar al fascista, me hizo prometer que al día siguiente no olvidaría la bomba de mano.

—¿Veis cómo la bomba de mano es importantísima?

—Mañana la traemos —dijo Leoncio—. Hay que traerla como sea.

—No te preocupes, que sé dónde está.

—¿Es que no la tiene Tano? —dijo Paco.

—Sí que la tiene. ¿Se lo vamos a decir?

—Hemos dado palabra de honor de no...

—Bueno, yo lo decía porque, al fin y al cabo, Tano es el jefe. ¡Qué tío!, ¿verdad? Al principio a mí no me daba buena espina, pero...

—Yo sabía que era de los nuestros —dijo Leoncio—. ¿No había un fascista escondido en las cuevas? Pues si había dos, el otro tenía que ser uno de los nuestros.

—Claro, tiene razón éste.

Ni siquiera habíamos percibido que ya no nos encontrábamos entre los muros de tierra, que era de noche, pero con una penumbra azul de mucha profundidad. Continuamos aún hablando, hasta que Leoncio se marchó a su barrio y a Paco le entró miedo de que fuera tarde. Me quedé solo en el Campillo, pensando cosas. Entregaríamos al fascista y el jefe vendría a casa —así les gustase o no al abuelo y a mi padre— para conocer a la abuela. Paco y yo se lo presentaríamos a todo el mundo y todo el mundo sabría que era amigo nuestro. Puede que él nos presentase a su novia. La verdad es que no había hablado de ella, lo cual no significaba que no la tuviese, sino que, dado el tantísimo trabajo que le daba lo del contraespionaje, la vería poco. Ella sería guapa y dulce como Celia, como la Concha aquella noche que estaba cansada y cariñosa, y a la mañana siguiente resultó que es que había pescado la gripe.

Riánsares me llamó desde el Paseo, donde en corro con otras criadas del barrio apuraban lo poquísimo que les quedaba de la tarde del domingo. A medida que me hartaban tanto perfume y tanta charla que no se entendía, porque hablaban a la vez y de cosas distintas, comprendí que debía decírselo. Ella me confiaba sus secretos, se había preocupado por lo del fascista —aunque en aquel momento no pareciese inquieta por nada—. Me ayudaba en mis asuntos y, también de esa forma, yo eludía un encuentro con Tano y la tentación de descubrirle que en la cueva teníamos prisionero al fascista. Me costó separarla de sus amigas y, luego, creyó que la quería llevar al Campillo para meterla mano. Tuve que contárselo desde el principio, con todo detalle, como a ella le gustaba enterarse de la historias. Allí, en la esquina, mientras la sentía escucharme con una atención y un asombro crecientes, se me ocurrió la idea. La maldita idea, que ojalá nunca se me hubiera ocurrido.

—¿Quieres verlos?

—¡Uy!, no...

—No seas tímida, ni te dé miedo. Al fascista le tenemos atado y el jefe es muy simpático.

—¿Es guapo?

—No me he fijado. Anda, ven. Mira, tengo la linterna y voy yo contigo. No puede pasar nada.

A la entrada de la cueva se hizo otra vez la remolona, pero como me vio decidido y hasta le estallaba la curiosidad por el temblor, tuve que tirar poco de ella. Encendí la linterna para enseñarle la cuerda, que nos había servido de guía. Deseaba tanto encontrarle y que Riánsares le conociese, que corrimos y todo. También di unos gritos, para que supiera que era yo y no se sobresaltase.

Me sorprendió algo hallarles más cerca de la salida, pero me tranquilizó que el fascista continuase con las manos amarradas a la espalda.

Cuando Riánsares comprobó que lo que yo le había dicho no era una trola, puso una cara cómica. El jefe nos recibió muy bien y estrechó la mano a Riánsares, en lo que también se notaba que era republicano, porque los señoritos nunca dan la mano a las criadas. Riánsares dijo que aquello le parecía una cosa de sueño.

—Tócale, tócale, si quieres —me acerqué al palomino atontado del fascista, que retrocedió un poco, moviendo el culo a saltos—. Mañana vamos a entregarle.

—¿Y Paco y Leoncio?

—Se han ido a sus casas, creyendo que era tarde, ¿sabe usted? Hemos quedado a las diez.

—Me alegro.

Yo, a la primera ojeada, percibí que Riánsares y el jefe se habían mirado mucho y habían simpatizado. Por eso, no me extrañó que él, muy serio, muy educado, le dijese que necesitaba hablar con ella. Animé a Riánsares y, con el tirador a punto, me senté a vigilar al fascista. Ellos dos se alejaron por una galería lateral.

Ensanchaba el corazón tener al fascista atado, a mucha menos distancia del alcance de una piedra. Bien observado, ni parecía fascista, ni nada, tan delgados como tenía el pecho y los hombros. Pero, en los labios sobre todo, se le notaba que no era de fiar.

El jefe y Riánsares no volvían. Yo no cesaba de imaginar la sorpresa que se llevarían la Concha, Tano y el señor Pedro. De pronto, el fascista me hizo una pregunta; me pilló desprevenido, más que nada por su voz normal, de buena persona.

—No, yo no creo.

—¿Por qué, muchacho?

—Porque Dios está con los nacionales.

—No, Dios...

—¡Cállese!

Se calló en seguida, de puro susto. Con los prisioneros no se debían tener complacencias. Los prisioneros siempre piensan en escaparse. Empiezan a hablar, a hablar, para que uno tenga un descuido. Yo estaba decidido a no permitirme un segundo de distracción. Como aquella película, en la que el americano se dormía, junto a la hoguera, y el indio aprovechaba...

Me levanté de un salto. La linterna me temblaba tanto en la mano, que no conseguía fijar la luz. El fascista me miró, algo extrañado, pero debió de suponer que yo jugaba.

—¡Riánsares!

La cueva tenía un eco muy débil. Corrí por donde el otro fascista se había llevado a Riánsares, sin parar de gritar. Ella me respondió desde lo oscuro y muy cerca. Mantuve la linterna contra el techo, porque la voz venía del suelo.

—¿Te pasa algo?

—No, nada —conseguí decir—. Era para saber si estás bien.

Riánsares y el fascista se rieron.

—Ahora voy, tonto, no te preocupes.

Entre excitada y ronca, su voz me inquietó. Pero, en el rayo de luz que fingí descuidar, estaban separados por la distancia del brazo de él —cuya mano quedaba oculta bajo el cuello de Riánsares— y, desde luego, aunque tumbados, completamente vestidos.

—No, si no me preocupo. Termina pronto.

—Cotilla —dijo, como si me diese un azote—. No hay nada que terminar.

La bomba de piña. Nunca más dirigiría la palabra a aquel cobarde de Tano, incapaz de guardar una bomba en su casa. Debajo de la leña. Domingo. Tampoco podía dejar sola a Riánsares. Había que avisarle que no era el jefe del contraespionaje, sino un fascista, tal como había supuesto al verles por vez primera, él, dormido, y el delgado, con la cabeza apoyada en las manos y las manos sobre las rodillas, sin intentar escapar.

—¿Estás nervioso?

Le metí el rayo de luz en los ojos —tuvo que agachar la cara— y recordé la pistola.

—Te voy a matar, te voy a matar. Levanta la jeta —la barbilla se le clavaba en el pecho—, puerco, marrano, mentiroso.

Cogí una piedra grande y estuve mucho tiempo con ella en la mano derecha, hasta que oí a Riánsares. Despeinada, sonriente, con una expresión así, ansiosa, resultaba extraño que el fascista la abrazase por la cintura.

—Ya nos vamos —dijo.

Al cambiar de dirección la luz, descubrí, tirada, la cuerda que había traído Leoncio. Entonces comprendí que se largarían de la cueva inmediatamente detrás de nosotros, que no quedaría tiempo ni de encontrar a los milicianos. Eché el antebrazo por encima de mi hombro, igual que si arrojase la piedra, y el tipo no pudo resistir el miedo. Instintivamente, retiró las manos de la espalda y se tapó el rostro.

—Canalla —dijo el otro.

Se levantó como una centella y sujetó a Riánsares por los brazos. Porque Riánsares no había comprendido aún, pero estaba aterrorizada.

—Rápido.

—La mochila.

—Estaba ahí —el delgado soltó a Riánsares, al mismo tiempo que, con un golpe tajante de las rodillas en las corvas, la derribó de boca contra la tierra—. Los papeles los llevo yo. Ahora, rápido.

Salté contra él, le mordí en el pecho, le pateé un tobillo y, cuando ni podía acordarme de su existencia, el ex jefe me asió por el jersey y, con el dorso de la mano, me abofeteó. Desde el suelo, con aquel dolor intolerable en las mandíbulas y el sabor de la sangre, continuaba escuchando los gritos de Riánsares, sus gemidos largos como una enfermedad. Les oí correr y, al instante, las manos de ella me levantaron.

A la luz de la linterna, Riánsares me miró el paladar. Me callé que sentía suelto un diente. Me abrazaba y yo olía su vestido de seda, polvoriento y embarrado.

—Vamos a casa —dijo.

No me dejó mirar si se habían llevado la mochila. Salimos casi corriendo, con las manos cogidas apretadamente. El aire fresco de la noche nos hizo detenernos. Fuera, todo estaba igual. Algunas personas andaban por el Paseo, el ruido de los tranvías llegaba desde la plaza de Manuel Becerra.

—No digas nada a ellos.

Las lágrimas, apelotonadas en los ojos, me impedían decirle que estuviese tranquila, que jamás se lo contaría a nadie. Pero ella comprendió.

Nos abrió Luisa, que ni saludó. Me fui a la cocina, y Riánsares a su habitación. La noche estaba tranquila, clara, muy bonita. Había luces en casa de Tano, en casa de la Concha y en otras muchas ventanas; olores, ruidos. Una voz de mujer gritaba.

—¡Grabiel, Grabiel!

Bebí a morro del grifo del fregadero, después de enjuagarme, hasta que sentí encharcado el estómago.

—¿Qué, madre?

—Que te pongas a limpiar las lentejas.

—¿Tiro las que tengan bicho?

—¡¿Estás agilipollao, muchacho?! ¡Quita las piedras sólo!

La Luna daba blancura a la tierra ocre del Campillo, tan igual, a esa hora, al planeta Marte en las novelas de Edgar Rice Burroughs. El hoyo cubierto de cartón no había servido. Al encenderse la bombilla, me di cuenta de que había estado a oscuras.

—¿Te han regañado?

—No, abuela. ¿Es tarde?

—Dentro de poco se cenará.

—Yo no quiero cenar. De verdad, abuela, que no tengo hambre.

Riánsares entró, con el vestido de todos los días, ajustándose a la espalda, allí donde el fascista había sujetado sus manos, los tirantes del delantal.

—¿Has peleado con algún chico?

—No, abuela.

—Estará cansado —dijo Riánsares.

La abuela sabía que algo me pasaba, pero no me preguntó más; me acompañó a mi cuarto, les dijo a los demás que yo no cenaría y me trajo un tazón de leche caliente y dos rebanadas frías de pan frito.

Cuando puse la cabeza en la almohada, presentí que no me dormiría en toda la noche. Para no pensar en la bomba, intenté planear lo que al día siguiente diría a Leoncio y a Paco, qué actitud adoptaría delante de Tano, al contarle ellos que habíamos hablado con el fascista y con el jefe del contraespionaje. Tano se reiría de nosotros. Pero seguro que él no había hecho nunca aquello con la Concha. O, a lo mejor, sí y yo no sabía, de igual forma que no había sabido coger a los fascistas. Mejor no darle vueltas y pensar en Celia, que era buena y guapa. No como los demás, que podían ser listos —y dolía mucho que los fascistas fueran más listos—, pero también cobardes, sucios, hipócritas. Todos. Incluida la Concha, Tano, Luisa y el abuelo, y mi padre, y... Sí, también yo, que, a pesar de ser rojo, había hecho aquello a solas, lo que nunca haría Celia. Sin embargo, yo quería ser rojo. ¿Cómo podían entenderse las dos cosas a la vez? Una tarde, Morrotorcido había dicho que, de mayores, se cambia siempre; yo no le creí, pero nunca se sabe. De un golpe de las piernas, tiré las mantas y la sábana al suelo.

Busqué a Riánsares en la cocina para que ella,

que era buena, me lo explicase. Pero en la cocina no había nadie y los cacharros ya estaban recogidos.

—¿Qué haces levantado a estas horas? —dijo mi padre.

—He ido a beber agua.

—Vuelve a la cama. Y no andes descalzo por toda la casa.

—¿Vosotros no os acostáis?

Se veía por la rendija que hacía la puerta del cuarto de estar que no, que seguirían allí con las orejas atentas a las porquerías de noticias de su radio.

Apagué la luz del pasillo, esperé que mi padre entrase y fui a la habitación de Riánsares. El vestido permanecía encima de una silla, en la que también, hechas unos gurruños, estaban sus medias y sus ligas, negras y redondas.

En el dormitorio de los abuelos, entre las dos camas, Riánsares arreglaba los embozos. Me senté a los pies de la cama de la abuela y le dije que estaban oyendo la radio. Me sonrió un poco. Desplegó el camisón de la abuela, que era grandísimo, y lo extendió sobre la colcha. Después, se puso en cuclillas delante de mí, quizá para darme un beso, pero se estuvo quieta.

—¿Estás triste, Riánsares?

—Sí, guapo mío; mucho.

Nunca me había llamado de esa forma y, ahora sí, pareció que me abrazaría.

—No te hizo nada en la cueva, ¿verdad?

Se le llenaron de lágrimas los ojos.

—Casi nada —logró decir.

—Sólo te tocó un poco y te besó.

Con un temblor empezó a sollozar.

La lamparilla de aceite de la Virgen del abuelo chisporroteaba. De rodillas ambos en la alfombra que había entre las camas, escuchando sus sollozos, besando sus mejillas, poniéndole las manos en las mejillas húmedas, aquella gran pena no me dejaba hablar, ni me distraía el ánimo el recuerdo de la Concha, de German el Tifus, de las enrevesadas cosas que sucedían por el mundo.

—La guerra es mala, mala... —decía alguna vez, con la cabeza apoyada en mi hombro.

Pero una mezcla de rabia y tristeza, como un ahogo, me hacía desear que el tiempo pasase pronto, para que pronto llegase aquello que en el barrio se llamaba ser hombre y, entonces, ante todo, coger a los fascistas —que no se me escaparían— y después hacerle a Riánsares lo que el fascista no le había hecho y que ella dejase de llorar.

La capital del mundo

Recuerdo el aire cálido de la media mañana, esa
luz que aún no es de verano y resulta excesiva para
la primavera (que, como nadie ignora, en Madrid
no existe), un olor compacto a ciudad y que a poco
que se aspire va descortezándose en los diversos
olores que lo componen. Yo venía por la acera de
los pares de la calle de Lista de recoger el chusco
diario. Recuerdo, sobre todo, una sensación de
bienestar total, cuyo origen entonces ignoraba y
que ahora sé que era la simple satisfacción de vivir.
Frente a la cárcel de Porlier y desde tres alcorques
atrás, venía yo, con el chusco, dándole certeros
puntapiés a un bote de conservas. ¿Qué más placer
podía añadirse a la suavidad de la mañana, a la
animación de la calle, al guirigay peatonal, que
provocar a patadas un estruendo de hojalata?

Pero, de pronto, la siguiente patada al bote se la
dio un muchacho —mayor—, que apareció co-

rriendo a mis espaldas. También yo corrí, fingiendo ignorar la presencia de aquel súbito competidor, lancé el bote hacia el bordillo, regateamos, silenciosos y testarudos, sobre los adoquines, el bote fue a chocar contra la fachada, muy cerca ya de la esquina de Torrijos, ambos nos precipitamos y antes de llegar a la esquina, el desconocido, con una violencia brutal, se arrojó sobre mí y me aplastó contra la acera. No dispuse de muchas fracciones de segundo para, entre la ira y el dolor, encontrar incongruente aquella pelea por la posesión balompédica de una lata abollada. Casi de inmediato, la explosión transformó la mañana de sol en la noche del fin del mundo.

El bote se lo tragó el socavón de la esquina, así como se tragó las escaleras del *metro* y se hundió la acera de los impares de Torrijos hasta Don Ramón de la Cruz. Nunca se supo —nunca lo supimos los de mi banda— cuántos explosivos estallaron aquella mañana en el ramal Goya-Diego de León convertido en polvorín. Tampoco, el número de muertos, ni las causas de la catástrofe. El muchacho y yo bastante tuvimos con salir de naja y encontrarnos (temblando, una vez más en aquella guerra) delante de mi abuela, que nos preparó dos tazones de malta con leche y nos migó en ellos el chusco, con olor a pólvora, del que, como una víscera más, yo no me había desprendido.

El muchacho que aquella mañana me salvó la vida tenía, efectivamente, dos años más que yo, se llamaba Silverio Abaitua y durante los siguientes treinta y cinco años en multitud de ocasiones maniobramos los itinerarios de nuestros paseos para acabar en aquella esquina apocalíptica. Aunque no quería reconocerlo, Silverio rastreaba allí, en el lugar de los hechos, la explicación a su premonitorio cuerpo a tierra, que nos libró de volar a lomos de la onda expansiva. A pesar de que nada era lo mismo, el lugar no había cambiado mucho. Naturalmente, nunca Silverio, ni yo, llamamos calle del General Porlier a la calle de Torrijos. Lo decisivo era que ya no importaba saber las causas, ya que apenas quedaba algo de aquellos dos niños que allí se disputaron un bote. Pero, aún así, en esa esquina de Lista con Torrijos, treinta y cinco años después, yo creía que todavía nos quedaba Madrid, una ciudad cuyo trazado y cuya configuración únicamente podían conocerse en compañía de Silverio.

Para dejar claro que su apellido vasco provenía de una excentricidad de sus antepasados, Silverio, cuando la ocasión lo demandaba, proclamaba que él había llegado a esta ciudad desde el vientre de su madre y que nunca permanecería más de dos meses seguidos fuera del claustro madrileño. Era discutidor, contradictorio y charlatán, cualidades que nos unían sobre diferencias de gustos y de trabajos. En algunas cosas siempre estuvimos de acuerdo y una de ellas era nuestra común aversión a esa especie de erudición bachillera, que convierte el calleje-

ro de la ciudad en frondosa historiografía o en ra-
millete de leyendas.

Si alguno de los dos durante la paseata se ponía
magistral, respecto, por ejemplo, a la ubicación
exacta de la huerta de San Jerónimo y demás ta-
pias del antiguo Buen Retiro, el otro le nombraba
Cronista Oficial de la Villa y le mentaba al Conde-
Duque. Preferíamos matar el tiempo y consumir el
espacio con disertaciones sobre las mutaciones del
paisaje urbano, las transformaciones sociológicas
de ciertas zonas, los ensanches, la investigación ar-
queológica de qué tiendas, sin fallar una, había,
cuando había Barrio de Pozas, desde el café España, en la esquina de Princesa con la Ronda del
(mentado) Conde-Duque, hasta ambas esquinas de
los Bulevares.

Caminando por el Madrid de los años cincuenta
yo mantenía frente a Silverio que la interrogante
¿qué es una ciudad? sería una de las muchas que
me habría de llevar de este mundo sin respuesta.
Por aquellos años, gracias a un acelerado curso de
marxismo recibido en una catacumba de la plazue-
la de Santa Catalina de los Donados, estaba yo en
condiciones de aclarar a mis contertulios del café
Gijón o de los bares del Puente de Vallecas el con-
cepto de plusvalía. Silverio siempre fue refractario
a cualquier análisis de raíz hegeliana y negaba ta-
jantemente que una ciudad fuese sólo la consecuencia de unas determinadas fuerzas socieco-
nómicas, un producto perecedero del devenir. Una

ciudad, para él, era la vida rodeada por la inevitable Naturaleza.

Según Silverio, a partir del Madrid de la guerra civil, Madrid había experimentado seis transformaciones y una séptima, radical, a punto de estallar. Ni las fechaba, ni las describía; no tenían mayor importancia. Creía en un espíritu de la ciudad, en la esencia de la madrileñidad, hasta en una música, aunque infame y austríaca, matritense. Era un antropomorfista y llevaba soterrado un castizo. El bueno de Silverio compartía conmigo un escaso aprecio por la ciencia del urbanismo. El centro de la ciudad era el centro y no dejaría de serlo jamás, con una valoración creciente. Profetizaba que en unos años (y así sucedió) la denostada Gran Vía de los cuarenta sería catalogada como una de las más atractivas calles de Europa.

Por la zona norte su aprecio fue decreciendo, a medida que para llegar al campo de fútbol de Chamartín no había que cruzar ya los barrancos de los Altos del Hipódromo. Al comenzar la década de los sesenta, solía afirmar que se sentía más contemporáneo del Madrid de Pedro Texeira o del de De Wit que de ese Madrid (si lo es, apostillaba) de la prolongación de la Castellana.

Amaba los barrios del sur y del suroeste, aquellas infraciudades que surgían de la noche a la mañana en los bordes de un Madrid de principios de siglo. Hacia el este, algunas calles de La Prosperidad o de la Fuente del Berro le proporcionaban, en los momentos malos de la ansiedad, un sosiego que ni el gregoriano. Recuerdo a un Silverio sonriente, satisfecho y convencido de habitar en la urbe excelsa, cuando lograba llevarme por la Casa de Campo y subíamos luego hacia la Universitaria, evitando obuses y sorteando parapetos. En contraprestación a esos vientos serranos, me acompañaba de buen grado a Lavapiés y soportaba mis ínfulas de lingüista de taberna, incluso esa acomodación al principio de realidad que me entra a mí nada más penetrar por la calle del Avemaría, el convencimiento de que el cinematógrafo lo inventaron los Lumière para que se proyectase en el Do-Re y en el Olimpia, la calentura que a todo donhilarión le enciende la calle de Tribulete.

En ese barrio, con su nocturna Calle 42 situada en la plaza del Progreso (o del señor Téllez, que se decía cuando una municipalidad franquista la motejó de Tirso de Molina), hasta la década de los sesenta se encontraban aún los restos de un Madrid verbenero, sainetero y redicho, que, por uno de esos fenómenos de trasvase del tópico a la realidad, era auténtico. Y misterioso.

Allí, en el territorio del laísmo, por supuesto que no se diptongaba el pronombre con la vocal siguiente y sí se acentuaba; así, por ejemplo: *Le-he visto* por la Costanilla, *la-aseguro* a usted, *la-hemos hecho*. También seguía siendo de rigor y patente de madrileñismo la anteposición del artículo determinado a los sustantivos parentales y a todo nombre de pila, en versión hipocorística o no, como, por ejemplo: *La* prima Isabel se casa, *la* tía nos da hoy de merendar, *el* Goyo lo baila en una baldosa.

Pero era precisamente en aquel barrio de Lavapiés, dominio del laísmo y del artículo definido, donde la gente fina, y para demostrar que lo era, venía diciendo desde finales de siglo: *Le-visto* por la Costanilla, *laseguro* a usted, prima Isabel se casa, tía nos da hoy de merendar. Esas curiosidades, que a mí me entretenían, Silverio las utilizaba para reafirmarse en el dogma de que Madrid posee una personalidad de origen metafísico, que impregna a sus naturales, y de que, a su vez, evoluciona, como todo organismo vivo, aunque, eso sí, no es previsible que esta ciudad vaya nunca a desaparecer.

Silverio en pocas ocasiones decía Madrid, sino *esta ciudad*. Mantenía una ostensible reserva de opinión sobre los seres humanos que no habían nacido en esta ciudad, ya que por algo ser de la capital obliga a una imparcial suspensión de juicio o criterio. Las restantes ciudades de España y de los otros continentes eran urbes sólo por comparación con esta ciudad. Por no parecer centralista, Silverio caía en el imperialismo. Nunca supe (pero alguna contaminación de afectos privados debía de jugar en la elección), por qué a Silverio le parecían parangonables a Madrid únicamente Nueva York, Salzburgo, Roma y Zaragoza.

En una fotografía, que, por las gabardinas y los sombreros flexibles que llevamos Silverio y yo, debió de ser tomada hacia 1952, el objetivo nos ha fijado subiendo por Mesón de Paredes una tarde de invierno, cuya luz cuanto más se decolora la foto va siendo más verdadera. Se trata de un fenómeno aparentemente inexplicable, pero en el que concurren tanto la química fotográfica en su derrota frente al paso del tiempo como la embrujada naturaleza de esa luz que hacia 1952 iluminaba la calle Mesón de Paredes.

Veinte años después, en semejante prueba incontrastable basaba Silverio su tesis de que la manía estomagante de ver velazqueña la luz de los atardeceres de otoño desde la calle Bailén responde a que esos ocasos fastuosos, que jamás tuvieron en el siglo XVII tal calidad, la han adquirido en los lienzos bajo el influjo mutante de la atmósfera madrileña. De donde deducía que hasta dentro de tres siglos los cuadros de Antonio López no adquirirán la luz real y soterrada del Madrid contemporáneo, que sólo algunos genios saben captar y que en esta ciudad termina siempre por cuajar, más bien tarde que temprano.

La tesis de las virtudes latentes de la luz madrileña y de sus pintores de ciencia-ficción, el convencimiento de que la personalidad de Madrid está compuesta por la suma (no decía síntesis) de las variadas personalidades de sus barrios, una hipersensibilidad, ante imaginarios o efectivos menosprecios, constituían, entre otros rasgos, el madrileñismo de Silverio, su empecinamiento de organillo.

Ahora, cuando ya no es posible mantener aquellas conversaciones peripatéticas, acepto más las ideas de Silverio de lo que entonces me negaba a admitir por prejuicios racionalistas. Mi universalismo marxista de aquellas décadas de los cuarenta y de los cincuenta (que Silverio fechaba a su conveniencia entre el día impreciso en que le permitieron la entrada, a pesar de los pantalones bombachos, en una casa de la calle de la Reina y la clausura de todas las casas de tolerancia por Decreto) concedía ya ante sus razonamientos que quizá una ciudad sea exclusivamente aquella aglomeración de edificios a la que con justo título, llamamos *mi ciudad*.

Sólo sería, en consecuencia, madrileño quien perciba en un viejo y claro barrio de menestrales el misterio en calles (a elegir) como la de la Cabeza, la del Gobernador (ya en la frontera de Atocha), la de Tres Peces o la travesía a Cabestreros. Si la vida, que no se entiende, se siente en la soledad de una tarde de domingo por Nassau St. o buscando la calle Calatrava desde la Vía Augusta, indudable y respectivamente resultará que uno es neoyorquino o barcelonés.

De todas las etimologías que recopilamos en nuestros años de amistad, la única que Silverio admitía era una de origen griego, que juraba haber encontrado en el *Tesoro de la Lengua,* de Cobarrubias; según la tal, Madrid vendría de prostíbulo. Por supuesto que, al instante, el paseo se orientaba hacia ese enjambre de la existencia comprendido entre Infantas y Fernando VI, para terminar en el madrileño San Pauli de las calles de Alcántara y de Naciones, evocando una ciudad hambrienta, estraperlista, tiritona, obscura y sucia, raquítica, que durante años estuvo dominada por la alegría de los vencedores.

Silverio, cuando supo que además de ineluctable sería cuestión de dos o tres semanas, se fue a morir a Granada. Era la primera vez que bajaba a Andalucía. Dejó sus papeles y sus dineros en orden, parece que también una carta a la menor de sus hijas y, a finales de febrero del 73, le dieron tierra allí, en el sur ignoto. Cuando meses más tarde lo supe, creí entender que, además de ahorrar a los suyos su agonía, Silverio también había querido evidenciar que no era Madrid ciudad para morir.

Pero ¿qué puedo saber yo? He llegado a pensar, inmóvil en la esquina redonda de Alcalá con Gran Vía, que Silverio odiaba este Madrid en el que por encima de la Puerta de Alcalá crecen las Torres del Cemento. En mis paseos, solitarios desde hace más de diez años, por las cada vez más solitarias aceras de Madrid, mis pensamientos errabundos divagan, se impacientan y, con una encrespada urgencia, me empujan hacia lo poco que no ha cambiado o hacia lo poquísimo que ha renacido. Me gustaría callejear Malasaña por la noche con Silverio, atravesar con él la Plaza Mayor bajo la lluvia, llegar en *metro* (horadando el horror) a La Ventilla y regresar por Bravo Murillo, con desvíos frecuentes más a derecha que a izquierda.

A veces, he pensado que yo también moriré (en Samarcanda), sin que (por intercesión divina) se haya terminado la Almudena, y lo cierto es que cada día me importa menos que otros vayan modificando una ciudad que ya no me pertenece, aunque no sepa precisar cuándo la perdí. A cambio, me es suficiente que el Diablo siga contorsionado a la columna y que abajo de la columna algo me permita aún volver a la Rosaleda de los años treinta, a ese jardín de los Campos Elíseos de una infancia proustiana, que bruscamente se convirtió en una infancia golfa, y que no se quedó en infancia gracias al olfato para la dinamita del niño Silverio Abaitua.

A lo largo de una de las orillas del Manzanares o a lo largo de Arturo Soria (esa ciudad que murió de parto) no es raro que, para aliviar el cansancio de la caminata y las brumas de la cabeza, me recite a mí mismo un poema de Carlos Barral, que se titula *Geografía o historia*. Esos versos me ayudan a confundir la geografía con la historia (como en el plan del 38 del bachillerato franquista) en una sola asignatura, disciplinas que Silverio no confundía, ni apreciaba. ¿Qué significados esconden esa ermita o esa piscina, tan banales, tan ramplonas, esa geografía convencional que las enmarca, sino lo que yo sé o creo saber, lo que yo he olvidado, la historia que viví o que me contaron?

A lo largo de los años también, como quien pasea por esta orilla del tiempo, he ido desprendiéndome de teorías, de definiciones, de aquellas lucubraciones que a Silverio y a mí nos apasionaban durante nuestros paseos con un entusiasmo excesivo para que nuestra pasión fuese sincera. Por muy pétreos que sean los muros que contemplo, por muy a lo lejos que se sitúe el punto de fuga de la perspectiva de la calle, por muy hiriente que la luz haga el escarpado relieve de los tejados, a veces creo contemplar un telón de fondo, un juego de decorados. La ciudad es un escenario. Apenas percibo la banal comedia que sobre él se representa. Y, sin embargo, una parte del decorado ilumina, deja en tinieblas el resto, y comienza a representarse una apolillada comedia, cuya fidelidad al texto original imposibilita la arbitraria memoria del autor.

Madrid ya no es más que un azaroso nudo de sugerencias, que se disparan voluntaria o involuntariamente, que incluso algunas se reprimen, se rechazan; esta ciudad se me ha convertido en un pretexto de la memoria. Lo que no deja de ser útil, aunque no siempre deleitable, para el desmemoriado que necesita los regresos al lugar donde supone que estuvo. Y también, almacén de imágenes cubiertas de telarañas, de desvaídos sentimientos, de tenaces errores y de ignorancias persistentes, de enigmas cotidianos.

Quizá me sea imposible reconstruir aquella red de cables aéreos que cruzaban la Puerta del Sol, pero no necesito ir a Lisboa (aunque por todo lo demás lo necesito con frecuencia) para reproducir en mi memoria acústica el fragor del tranvía remontando aquel repecho de la calle de la Princesa, que allanaron. He olvidado el tamaño de los trolebuses, que ahora probablemente encontraría mezquino, pero no olvido que Silverio y yo adquirimos conciencia europea una mañana de la década de los cincuenta recorriendo la calle Serrano en trolebús. Oigo aún los chuzos de los serenos en las calles ahora flanqueadas por los cubos de basura y algunas madrugadas de invierno, si cerrase los ojos, vería pasar, muchos, casi levitantes, los carros de los traperos.

Es difícil, cuando mis conciudadanos visten a su guisa y desinhibidos, creer que se producían en los barrios burgueses aquellas salidas de misa dominical, aquellos desfiles de uniformados estratos sociales, vivo modelo de la ciudad de funcionarios y de jerarquías que Kafka creó. Esa fantasmagórica asamblea, que suele resucitar las mañanas de invierno transparentes, se corresponde, gracias a la incongruencia de la memoria, con aquel hedor de animales en cautividad, que Silverio percibía en la zona del Paseo de Coches del Retiro donde estuvo la Casa de Fieras, cuando ya la Casa (Zoo en la actualidad) había sido trasladada a kilómetros de allí y allí recorríamos la Feria del Libro, que vino de Recoletos.

Nunca supimos, ni yo averiguaré nunca, por qué el mercado de la calle Andrés Mellado, que toda la gente del barrio de Argüelles denomina como mercado de Andrés Mellado, se rotula Mercado de Guzmán el Bueno. Y no hay de qué extrañarse, si pienso que Silverio, de seguir vivo, seguiría convencido de que la portada del antiguo Hospicio, en la calle de Fuencarral, fue tan obra de José Churriguera como de Pedro de Ribera la portada de la iglesia de San Sebastián, en la calle de Atocha.

Nada puedo reprochar a la obcecada equivocación portadista de Silverio, porque, si bien conozco la causa de que siempre hacia el final de la calle Barquillo el corazón se me contraiga, también siempre me sorprende que la calle Barquillo no desemboque en la plaza de Colón. ¿Por qué a mí toda idea importante (para mí) se me ha ocurrido por el andén de la izquierda del paseo de Recoletos y nunca antes del crepúsculo?

Los influjos inexplicables, las enmarañadas relaciones, los subterráneos deseos o las súbitas conmociones, la ignorancia en suma, sólo se pueden eludir quedándose en casa o limitándose al diario viaje de casa al taller, y vuelta. Pero si la ciudad se utiliza como detonante de una búsqueda insensata, si se la pasea (como a las novias de antaño) la calle, a veces la ciudad hace retroceder el tiempo y, de repente, en esta calle arbolada, oyendo la algarabía de los vencejos mientras arriba, en las cornisas, persiste una lentísima luz solar, está transcurriendo un atardecer de uno de aquellos asfixiantes veranos de los años cuarenta, que, como entonces se decía, efectivamente, nunca terminaban.

Sería ridículo que en una ciudad donde se besan públicamente las criaturas de carne y hueso una noche de estas besase yo, con el ardor que mis labios ponían entonces en sus gélidos labios, la estatua sedente de *Pepita Jiménez*. Pero en esta ciudad, cuya improbable belleza ya no me afecta, conocí durante aquella guerra la única libertad de que he disfrutado. Y en esta ciudad vivo (en ocasiones, gracias a ella), con independencia de que ignore su sentido o de que sospeche que no tiene ninguno. Si, además, es la única ciudad en la que una estatua ha correspondido a mi beso, se comprenderá lo poco que me ruboriza el provincianismo a lo Silverio Abaitua de sentirme madrileño.

Para no salir al extranjero (si es que eso existe) cuando este poblachón me agobia, para los días futuros en que ya carezca de fuerzas para caminarlo, guarda Madrid una reserva inagotable. Mientras pueda entrar por una de sus puertas, podré, a unos metros de la Cibeles, entrar en todos los reinos, pasar de Madrid al cielo y a los infiernos con sólo empujar un torniquete. Porque Madrid (no nos engañemos) es el Museo del Prado y quien tenga la oportunidad de vivir en Madrid, tiene la posibilidad, con tal de que sea algo cosmopolita, de habitar en la capital del universo mundo.

Índice

Riánsares y el fascista y *La capital del mundo* están incluidos en la edición de los *Cuentos completos* de Juan García Hortelano publicada en dos volúmenes en «El Libro de Bolsillo» de Alianza Editorial con los números 1588 y 1589.

∾

Últimos títulos de la colección: